Ingeborg Bauer

Der *Goldene Schnitt*
Teil III
Kunst
vor, am und nach dem Bauhaus

Im Gedenken
an meinen Kunsterzieher
am Mädchengymnasium Ravensburg,
Helmuth Schneider,
der selbst Hölzel-Schüler war
und nach dessen Lehre unterrichtete

Ingeborg Bauer

Der Goldene Schnitt

Teil III
Kunst
vor, am und nach dem Bauhaus

Text: Ingeborg Bauer
Fotos: Ingeborg und Siegfried Bauer
Layout: Ingeborg Bauer

Bibliografische Information der Deutschen Nationalbibliothek:
Die Deutsche Nationalbibliothek verzeichnet diese Publikation in der
Deutschen Nationalbibliografie; detaillierte bibliografische Daten sind
im Internet über http://dnb.dnb.de abrufbar.

Herstellung und Verlag: BoD – Books on Demand, Norderstedt

ISBN: 978-3-7526-7361-6

Der *Goldene Schnitt*
Teil III
Kunst
vor, am und nach dem Bauhaus

Kunst vor dem Bauhaus
Goethes Farbenlehre
Adolf Hölzel und die *Künstlerischen Mittel*

Künstler am Bauhaus
Der Hölzel-Schüler Johannes Itten
Lyonel Feininger
      Exkurs:
      Robert und Sonia Delaunay
      Sophie Taeuber-Arp und Hans Arp
Paul Klee
      Paul Klee und Wassily Kandinsky
      Paul Klee vor der Zeit am Bauhaus
      Paul Klee und das Bauhaus
Wassily Kandinsky
      Kandinskys frühes Werk
      Kandinsky und Malewitsch
      „Über das Geistige in der Kunst"
      Exkurs: Gelb in der chinesischen Kultur
      Wassily Kandinsky und Adolf Hölzel – Wege zur
Abstraktion
      Wassily Kandinsky und die Wirkung der Farbe
      Kandinsky und das Bauhaus
Alexej von Jawlensky
Oskar Schlemmer und das „Triadische Ballet"

Bildende Kunst und Bühne am Bauhaus
Herwarth Walden und die Galerie „Sturm"
Lothar Schreyer
Kurt Schmidt
Oskar Schlemmer, der Maler

Kunst nach dem Bauhaus
Ernst Wilhelm Nay
Otto Fried
Serge Poliakoff

Bauhausschüler
Fritz Winter
Max Bill und die Konkrete Kunst
Anton Stankowski

Farbfeldmalerei und Spiritualität
Ad Reinhardt
Marc Rothko
Barnett Newman
Rupprecht Geiger
Gotthard Graubner
Bernd Berner
Richard Anuszkiewicz

Kunstmuseen in der Nachfolge des Bauhauses
Lehmbruck-Museum in Duisburg
Reuchlin-Museum in Pforzheim
Josef Albers Museum. Quadrat Bottrop.
Museum Insel Hombroich
Kunstmuseum Stuttgart

Louisiana (Dänemark) und Alexander Calder
Museum Ritter – Architektur und Quadratische Kunst

Skulptur des 20. Jahrhunderts
Hannsjörg Voth: Land-Art in der marokkanischen
Wüste
Trinity College Dublin: Arnaldo Pomodoro's
sculpture, Sphere within Sphere   (1982)

Der *Goldene Schnitt*
Teil III
Kunst
vor, am und nach dem Bauhaus

Goethes Farbenlehre

Goethes Theorie gegen Newtons Theorie

Für Goethe entstehen alle Farben, einschließlich der Grundfarben Gelb, Rot und Blau, aus dem Grau - aus dem „Trüben".

Mit seiner 1810 erschienenen Farbenlehre wendet sich Goethe gegen Isaac Newton (1643-1727). Newton hatte bereits ein Jahrhundert vor Goethe (1749-1832) gezeigt, dass das Sonnenlicht alle Farben enthält: Er lenkte einen Lichtstrahl auf eine Seite eines dreikantigen Glasprismas. Das Prisma fächert den Lichtstrahl auf, der auf die andere Seite des Prismas projiziert als Regenbogenband von Rot-Orange-Gelb-Grün-Blau-Blauviolett-Rotviolett erscheint. Daraus schließt Newton, dass das weiße Licht die Summe aller Lichtfarben ist. Er hat damit experimentell einwandfrei die Zerlegung des farblosen Lichts in die Farbenskala bewiesen.

Aber das Experiment, mit dem er dies darstellen will, ist weniger überzeugend. Newton hat dafür einen Farbkreisel konstruiert, eine Scheibe, unterteilt in sieben Farbsegmente; die Größe jedes Segments entspricht dem Anteil jeder Farbe im Spektrum. Wenn man die Scheibe schnell dreht, vermischen sich die Einzelfarben zur Gesamtfarbe, es entsteht - nach Newtons Theorie - Weiß. Aber auf dem Farbenkreisel entsteht Grau.

Der Fehler liegt im technischen Verfahren: Die Farben des immateriellen Lichts addieren sich zu Weiß. Newton kann bei seinem Farbenkreisel nicht mit Lichtfarben arbeiten, sondern muss Malfarben verwenden. Die Malfarben und der Maluntergrund des Farbenkreisels schlucken so viel Licht, dass bestenfalls ein helles Grau entsteht. Die Mischung von Malfarben, aller materiellen Farben, macht die Mischung dunkler. Goethe also dreht Newtons Farbenkreisel und sieht Grau und kommt zu dem Schluss, dass alle Farben zusammen Grau ergeben, nicht weiß.

Ein weiterer Streitpunkt ist Goethes Überzeugung von den Urfarben, heute würde man von Grundfarben sprechen, Gelb, Rot und Blau, denn aus ihnen lassen sich alle anderen Farben mischen, Malfarben wohlgemerkt. Denn in Bezug auf das Licht gelten andere Gesetze. Hier sind Grün, Orange, Violett die Grundfarben! Denn:

Grünes Licht + violettes Licht = blaues Licht

Oranges Licht + grünes Licht = gelbes Licht

Violettes Licht + oranges Licht = rotes Licht

Grünes Licht + oranges Licht + violettes Licht = weißes Licht!

Goethe kann nicht glauben, dass die Farben des Lichts sich nach anderen Gesetzen mischen sollten als die Farben seines Aquarellkastens.

Naturwissenschaftliche Kategorien legt man auch an ästhetische Probleme an. Man will die Farben naturwissenschaftlich ordnen und ihre Wirkung festlegen. Goethe ist da nicht der einzige. Seit Newton sind Farbenlehren ein Modethema, das in den Salons beredet wird. Goethe kennt die Farbenlehren seiner Zeitgenossen. Er diskutiert zum Beispiel mit Runge und sieht in seinen eigenen Ausführungen dazu seltsamerweise seine größte Lebensleistung.

Goethes Theorie beginnt beim Grau. Nach seinem Prinzip der Polarität bilden jene Farben eine natürliche Einheit, die sich miteinander zu Grau ergänzen - die Komplementärfarben. Es sind die Farbpaare Rot-Grün, Gelb-Violett, Blau-Orange und die Polarität Weiß - Schwarz.

Das Prinzip der „Steigerung" verweist ebenfalls auf Grau, denn „Steigerung" ist „Trübung". In Goethes Farbenkreis steht oben Rot als aktivste Farbe in höchster Steigerung. Rot ist Steigerung von Gelb, weil sich das gelbe Sonnenlicht im Abenddunst rot trübt. Rot ist auch die Steigerung von Blau, weil aus dem trübblauen Nachthimmel das Morgenrot entsteht. Auch wenn man die Grundfarben Rot, Gelb, Blau mischt, entsteht Grau. Deshalb steht in der Mitte von Goethes Farbkreis Grau.

Goethe kennt auch die Möglichkeit, dass eine Farbe ein komplementäres Nachbild erzeugt. Er sieht darin aber eine Gesetzmäßigkeit, die nicht zuverlässig auftritt. Am ehesten ist der Effekt zu erzielen, wenn man längere Zeit eine einfarbige Fläche starr ansieht und dann eine weiße Fläche betrachtet. Auch dann wird nicht immer ein komplementäres Nachbild gesehen. Bis heute ist ungeklärt, wann dieser Effekt zustande kommt und warum er meist erst nach sekundenlanger Verzögerung auftritt. Aus experimentalpsychologischer Sicht ist auffallend, dass die

Wirkung die Kenntnis der Komplementärkontraste voraussetzt. So verstärkt sich der Verdacht, dass ein Nachbild nur gesehen wird, wenn es zuvor im Denken vollzogen wurde. Das Problem wird bei den Farbfeldmalern erwähnt, zum Beispiel bei Mark Rothko. Phänomene wie Nachbilder und Komplementärfarben faszinieren im 19. Jahrhundert. Aber Goethes Lehre von der Entstehung der Farben aus dem Urphänomen des Trüben wird nicht akzeptiert.

Kulturelle Wirkung von Goethes Farbenlehre

Goethe erkennt auch eine psychologisch-symbolische Wirkung der Farben an. Er stellt Richtlinien auf für die Malerei und im Zusammenhang damit auch für die Mode. Nach seinem Prinzip der Harmonie durch Polarität, bzw. Komplementarität, passen Farben nicht zusammen, die im Farbenkreis nebeneinander liegen. Nebeneinanderliegende Farben addieren sich nicht zu Grau, deshalb würde der Gesamteindruck der Farbigkeit zu grell wirken. Unharmonische Kombinationen sind für Goethe deshalb: Rot-Orange, Violett-Rot, Blau-Grün. Diese Farbkombinationen gelten noch heute in der konservativen Mode als geschmacklos - in der progressiven Mode allerdings gelten sie als besonders attraktiv.

Zu Goethes Zeiten dürfen niemals die leuchtenden Farben in der Kleidung dominieren. Weiß gilt als die schönste Farbe der Damenmode, der elegante Herr trägt Schwarz. Die Kleidung des idealen Paares ergänzt sich gegenseitig zu Grau.

Goethes Vorstellungen wirken sich auch heute noch in konservativen Kreisen aus. Die Neigung zu gedeckten

Kleiderfarben ist nirgendwo so ausgeprägt wie in Deutschland. Gedeckt ist gleichzusetzen mit gediegen und geschmackvoll. Das ändert sich heute.

Goethe hat lange erwogen, Maler zu werden. Er will nun die Abneigung der Maler vor der Theorie überwinden, entscheidet sich aber gegen allgemein verbindliche Regeln. Der Maler müsse im jeweils konkreten Fall das jeweils Entsprechende seiner Lehre auswählen. Auch am Bauhaus werden Farbenlehren entwickelt, zum Beispiel von Itten, an den sich Klee anlehnt. Kandinsky befasst sich ausführlich damit, auch im Zusammenhang mit den Grundformen, und muss doch selbst feststellen, dass es keine letzten Wahrheiten gibt. Und auch die Bauhausmeister fühlen sich der eigenen Lehre nicht unbedingt verpflichtet. Es gibt keine zeitlose Ästhetik, kein erfahrungsloses Empfinden. [1]

Adolf Hölzel (1853-1934) und die *Künstlerischen Mittel*

Aus dem Gewirr der Linien
schält sich die Form
aus dem Bild wächst
das Zeichen und
wird zur Metapher –
aus dem Grenzenlosen

----

[1] Eva Heller, Wie Farben wirken Farbpsychologie, Farbsymbolik, Kreative Farbgestaltung (Rowohlt, 1997)

Amorphen entsteht
eine Welt, die das Zufällige
in den Mantel möglicher
Erkenntnis hüllt.

Adolf Hölzel gelangt schon einige Jahre vor Kandinsky zur ungegenständlichen Malerei. In der „Komposition in Rot" von 1905 sind erstmals Gegenstände durch kubische Flächenformen wiedergegeben. Sein Glaube an die „autochthone Kraft der künstlerischen Mittel" führt ihn zur Abstraktion. Er ist überzeugt davon, dass alles Inhaltliche in der Darstellungsform der „absoluten Malerei" verschwinde.

Adolf Hölzel, in Mähren geboren, hat den abstrakten Ornamentalismus der *Wiener Secession* mitbegründet. Die anfangs starke Ambivalenz zwischen Ungegenständlichkeit und Figuration in Hölzels Malerei soll Hölzels Reaktion auf den – von den Secessionisten Klimt, Moser und Hoffmann vertretenen – flächigen Bildaufbau gewesen sein. Sowohl die Secessionisten, als auch Hölzel, bewunderten den byzantinischen Flächenstil der Mosaiken Ravennas. Doch die Verarbeitung sieht bei Hölzel anders aus. Ihm geht es in erster Linie um das Bild, ohne die Unterordnung in architektonische Zusammenhänge, doch lässt Hölzel zum Beispiel die Pfullinger Hallen von seinen Schülern ausmalen. Er bedient sich zum einen der kristallin-kubischen, zum andern einer zellenförmig runden, kurvigen Kompositionsweise, die im Gegensatz steht zu dem stärker dem Ornament verpflichteten Wiener Stil, der von Josef Hoffmann und den *Wiener Werkstätten* vertreten wird. Bei

Hölzel kann man eine konstruktive Durchmischung organischer und anorganischer Strukturen beobachten, die dem Streben nach Harmonie verpflichtet ist. Für ihn ist ein rhythmisches, dem Schreiben verwandtes Zeichnen wesentlich. „Der Rhythmus ist rein menschlich, strömt aus dem Menschen." Er beginnt jeden Tag mit freiem Zeichnen, das Linien praktisch aus dem Unbewussten über die Fläche verteilt. „Schreiben und Malen in Trümmern, die jeder in seiner Weise sich fieberglühend ergänzt. Denken an Bruchstücke von Ausgrabungen, die niemals ergänzt, uns wieder voll befriedigen werden. Trümmerhaufen verschwundenen Glücks im letzten Sonnenschein plötzlich dir leuchten und erzählen so vieles, das wir niemals uns wieder voll zusammenreimen können." [2] Hölzel hat stets nach einem Ausgleich von organischen und anorganischen Formen gesucht.

Er ist ein geeigneter Lehrer, der seinen Schülern große Freiheit gewährt. Er formuliert das selbst so: „Jede Schulung nimmt etwas Ursprüngliches. Der beste Unterricht in der Kunst wird daher der sein, der möglichst wenig von der Selbstständigkeit nimmt, der sie steigert, ohne sie einzuengen und zu schädigen."

Hölzel ist dem Konzept eines Gesamtkunstwerks, wie es später auch im Bauhaus vertreten werden sollte, auf seine Weise gefolgt. Wie in den *Wiener Werkstätten* und im *Palais Stoclet* hat Hölzel bislang getrennte Kunstgattungen verbunden, etwa mit seinen Glasfenstern für die Firma Bahlsen (1915/16) und später für das Stuttgarter Rathaus

---

[2] Cf. Friedrich Hölderlin: „der Künstler ergänzt den Torso sich leicht"

(1928) und für die Firma Pelikan (1933) – Repliken der Fenster gelangen dann Anfang der 1960er Jahre ins Stuttgarter Rathaus. Diese Farbfenster feiern knospende Blüten, sind gebunden im Runden, verströmen Helligkeit ins Dunkel. Individuelle Blüten sind zum Strauß gebunden: Menschen, die in der Gemeinschaft „knospend" aufblühen. Die Serie lebt aus der variierenden Wiederholung des Gleichen.

Auch Kandinsky war ja vertraut mit bayrischen Glasbildern. Es ist anzunehmen, dass diese Arbeiten den Malstil beider Künstler beeinflusst haben. Im ländlichen Raum Bayerns hat sich die Hinterglasmalerei gehalten, gerade was religiöse Themen anbelangt. Es handelt sich dabei um eine ganz besondere Maltechnik, bei der eine Glasscheibe als Bildträger dient und die Farbe auf der Hinterseite aufgetragen wird, also spiegelverkehrt. Für den Malprozess bedeutet dies, dass mit den äußersten Farbnuancen begonnen werden muss, den Lichtreflexen. Ein Umdenken ist erforderlich. Die Vorzeichnung bleibt bei der Hinterglasmalerei ebenfalls sichtbar. Insofern sind Umrisslinien mit Bleistegen von Glasfenstern funktional verwandt.

Man darf Adolf Hölzel nicht zu eng mit dem in Wien propagierten Jugendstil und dem in den *Werkstätten* vertretenen, dem Handwerk verpflichteten Kunstbegriff verbinden.

Auf 8 309 handgeschriebenen Blätter, die meist mit Zeichnungen, sogenannten Sockelzeichnungen versehen sind, vermittelt Adolf Hölzel seine Lehre. Es sind Fragmente, die sich aber zu einem zusammenhängenden Konzept fügen.

Wie Kandinsky sieht er im Geistigen, in der Spiritualität das Wesentliche. Dazu gehört auch die Einheit, die enge Verfügung der Teile: „Es gehört in der Kunst alles zusammen, aber zweifellos ist das Geistige wichtiger als das Handliche [hier ist in erster Linie die Hand gemeint, die den Stift, die Kohle führt und die geübt werden muss; das fordert Hölzel von sich und seinen Schülern].“

„Nichts darf im Bilde allein um seiner selbst willen vorhanden sein, die Linie, die den Gegenstand einrahmt, muss sich fortsetzen und gleichzeitig andere Thaten [sic!] vollbringen. Die Farbe, die uns den Gegenstand charakterisiert, muss weiterklingen und Resonanz erzeugen …“. Es geht hier um den Zwischenraum zwischen den künstlerischen Gegenständen, den Flecken, die zu Bildfindungen anregen, um „markante Punkte und Flecken […], die das Auge miteinander verbindet“, um ein „Konstruktions-Netz“ entstehen zu lassen. Der Fleck ist von innen heraus entwickelte Form (Figur).

Von solchen Flecken spricht auch Leonardo da Vinci in seinem „Traktat über die Malerei“:

„Es ist nach meiner Meinung nicht unnütz, wenn du zur Vergegenwärtigung von Bildformen innehältst und die Flecken an der Mauer, in der Herdasche, in den Wolken oder im Rinnstein ansiehst, bei aufmerksamer Betrachtung wirst du ganz wunderbare Erfindungen darin entdecken, aus denen der Geist des Malers Nutzen zieht für die Komposition von Menschen- und Tierschlachten, Landschaften, Monstren, Teufeln und anderen phantastischen Sachen, mit denen du zu Ehren kommen wirst. Diese wirren Dinge wecken den Geist zu neuen Erfindungen, doch muss man die Teile, nämlich die Gliedmaßen der Tiere und die Formen der Landschaft, ihre Pflanzen und Steine, gut zu machen gelernt haben."

Eine „Entmaterialisierung des Ausgedrückten", das bedeutet Abstraktion vom Gegenstand, und die ist gewollt. Harmonische Aufteilung der Fläche in Flächenformen lassen ein Flächenmosaik entstehen, dem ein spannungsvolles Grundlinienraster zugrunde liegt. Es ist eine Malerei, die das Bild in erster Linie als mit Farbe bedeckte Fläche sieht. Hölzel bezieht die Gesamtheit der Bildfläche in seine Komposition ein. Dabei wird die Bildfläche von den Ecken und Rändern her erschlossen. Es kommt zu einer geradezu kristallinen Flächenstruktur. Dieses Konzept ist schon in einem Schlüsselwerk der Moderne verwirklicht, das Hölzel 1905 in Dachau gemalt hat, es ist die schon erwähnte „Komposition in Rot I" und eines der ersten abstrakten Gemälde der Kunstgeschichte. Ziel dieser Kunst ist es, im Malprozess die „künstlerischen Mittel", die Farben, Formen, das Format des Bildes, umzusetzen. Diese „künstlerischen Mittel" sind abstrakt.

„Er [der Maler] hat keine wirkliche Natur, die er ins Bild setzt oder pflanzt. [...] Für ihn ist der Baum kein Baum, der Mensch kein Mensch, das Haus kein Haus, alles setzt sich für ihn aus Linien, helleren, dunkleren und farbigen Formen [...] zusammen. Alles, was wir darstellen [...] kann nur mit diesen Mitteln gegeben werden [...]. Zuerst muss das Werk des Malers [...] ein abstraktes Bild sein und kann erst dann auch eine Darstellung werden."

Adolf Hölzel

Hölzel arbeitet mit einem linearen Grundgerüst, das die ganze Fläche des Bildes überzieht. In dieses Raster fügt er die reinen Farben des Spektralkreises und setzt sie in komplementäre Spannungen zueinander. Es geht Hölzel um Farbakkorde, die er in verdeckte Konstruktionslinien einsetzt: Diagonalen, Quadrate, Kreise, vorzugsweise strukturiert durch den *Goldenen Schnitt*. Alles auf einem Bild ist überall in diese geradezu kristalline Flächenstruktur eingebunden. Doch wächst aus dem abstrakten Raster bei Hölzel häufig die Gestalt. So wird eine Geschichte angerissen, oft ist es christlicher Mythos. Ein Bild ist für Hölzel stets ein harmonisches Ganzes, Versöhnung. Für ihn ist das Thematische nicht eigentlich wichtig. Es gilt „das Gegenständliche aus den Mitteln heraus zu entwickeln". So kommt es zu einem Schweben zwischen Abstraktion, die sich im Malprozess entwickelt, und einer Figuration, die sich unwillkürlich aus sich selber ergibt. Hölzel weiß, dass der Mensch von Kindheit an auf gegenständliches Sehen getrimmt ist, doch der Maler - wie überhaupt der künstlerisch schaffende Mensch - muss mit den der Malerei oder den seiner Kunst zugehörigen Mitteln arbeiten. Es spielt also keine Rolle, „ob er in seinem Resultat zur gegenständlichen Darstellung gelangt oder ohne Gegenstandsdarstellung künstlerische Harmonien schafft, abstrakt arbeitet". Es sind die „künstlerischen Mittel", um die es geht.

Für Hölzel setzt sich alles aus Linien zusammen, helleren, dunkleren und farbigen Formen. Erst wenn durch eine gelungene Kombination der „künstlerischen Mittel" die bildimmanente Harmonie erreicht wird, also die Abstraktion verwirklicht ist, kann das Bild auch zur Darstellung werden.

Hölzel geht also von der Abstraktion aus, um dann in ihr Anmutungen des Figurativen zuzulassen.

Hölzels „Farbige Komposition mit figürlichen Elementen" entsteht 1930, als er zurückgezogen in seiner Villa auf Stuttgarts Höhen wohnt und arbeitet. Schon der Titel beweist, dass es ihm in erster Linie darum geht, intensive Farbformen in Beziehung treten zu lassen, die er, vergleichbar mit Glasfensterstegen, schwarz umrandet. Doch ist die lineare Komposition Ausgangspunkt, in sie werden die Farben eingefügt. Häufig bekommen Bilder dieser Art nachträglich einen Titel, der auf biblische Texte verweist, die aber kein religiöses Bekenntnis sein wollen, denn „mit der Religion kann man nicht malen." Doch sind diese figurativen Elemente erst zuletzt herausgearbeitet, ergeben sich nachträglich aus linearen Geweben, der Abstraktion. So in „Farbige Komposition (Anbetung)" von 1924. Dieses Motiv verwendet er mehrfach. Es erlaubt ihm eine pyramidale Anordnung, die zumindest eine Figuration erahnen lässt.

Für Hölzel geht es um den Malprozess, in dem sich die „künstlerischen Mittel" darstellen, Farben, Formen, die Linie. Diese „künstlerischen Mittel" lösen den realen Gegenstand ab. Diese „Mittel" in einen Zustand der Harmonie zu bringen, darum geht es ihm. Für ihn scheint das Sein in der Welt erst im Harmonischen vollständig zu sein. „Das Bild ist eine Welt für sich, das eigens und gründlich erforscht werden will." Er definiert es als „harmonisches Ganzes", das die Empfindungen des Betrachters befriedigen soll und ihnen gerecht werden muss." Doch geht es ihm nicht um Emotionen und Gedankenassoziationen. Es geht nicht um expressionistisches Malen, den Ausdruck von Emotionen wie bei den Expressionisten. Für ihn ist es der Wahrnehmungsprozess, das Auge des Schaffenden und das des Betrachters.

Ausgangspunkt für Hölzel ist das Sehen, das Auge. Und die Kreisform entspricht dem menschlichen Sehen. Der gefügte Kreis – in ihm sieht er die wiedergefundene Harmonie, auch die künstlerische Entsprechung von Religion. Dazu schon 1841 Ralph Waldo Emerson „Das Auge ist der erste Kreis; der Horizont, welchen es bildet, ist der zweite; und durch die ganze Natur hindurch wird diese Grundfigur ohne Ende wiederholt. Sie ist das höchste Sinnbild in der Geheimschrift der Welt." In Hoelzels späterem Werk tauchen häufig Kreisformationen auf. Der Kreis ist ein Symbol für den Kosmos in seiner verwirrenden Unüberschaubarkeit, die er im Kaleidoskop repräsentiert sieht. Der Kreis ist zugleich Allumfassung, Ordnung und Harmonie. Hoelzel begründet die Kreisform jedoch gleichfalls pragmatisch mit Erfordernissen, die das Sehen selbst an das Bild stellt: „Außer allen durch Linien bedingten Sehverbindungen im Bilde, muss darauf hingewiesen werden, dass unser Auge den Sehkreis bedingt." Die Kreisform im Bild stellt also eine Entsprechung des menschlichen Sehens dar. Das Bild wird von Adolf Hoelzel als Funktion menschlicher Wahrnehmung selbst aufgefasst. „Kunst ist Anschauung und muss aus der Anschauung heraus entstehen." Für ihn stellt der Kreis die ultimative Figur dar.

Ausgangspunkt hinsichtlich der „künstlerischen Mittel" ist die Linie. Am Morgen gilt es mit Handübungen zu beginnen. Das Seelische übertrage sich auf die Hand. Tausend Striche am Morgen fordert Hölzel von seinen Schülern, aber auch von sich selbst. Linien laufen kreisend über ein Blatt, umkreisen und kreieren Formen, Linien umkreisen und überschneiden sich, können zu Figurationen werden. Oder aber zu kristallinen, zu annähernd geometrischen Formen. Solche Urformen sind für Hölzel „das Dreieck und der Kreis. Alles andere setzt sich aus ihnen zusammen oder lässt sich auf sie zurückführen." (Die Raute z.B. ist ein gespiegeltes Dreieck.) Farbakkorde und verdeckte Konstruktionslinien spielen im Unterricht eine Rolle; Diagonalen, Quadrate, Kreise und der *Goldene Schnitt* sind wichtig, um die angestrebte Harmonie der Darstellung zu erringen.

Es geht ihm letztlich um Harmonie, um die gelungene Proportion. Adolf Hölzel ist der Sohn eines Musikalien-Verlegers und spielt Geige – wie auch Paul Klee und Lyonel Feininger. Hölzels Frau spielt Klavier. Beide haben eine musikalische Prägung. Auch für Kandinsky spielt Musik eine bedeutende Rolle. Musikalische Dreiklänge verbinden sich für Hölzel mit dem Spiel der Farben. Synästhesie ist allen vertraut. Der Dur-Dreiklang ist mit reinen Farben prägnanter, der Sekundärdreiklang mit Mischfarben weicher, den Molltonarten verwandt. Diejenige Farbe in einem Dreiklang, die durch Helligkeit, Intensität oder Quantität auffalle, überflute die beiden anderen derart, dass sich neue wechselnde Schattierungen ergeben. Nichtfarben (Weiß und Schwarz) im Bilde sind dagegen wie Pausen in der Musik. So Adolf Hölzel. Kandinsky zählt Weiß und Schwarz zu den Farben, stimmt aber im Übrigen mit Hölzel überein.

Das Handwerkszeug als Voraussetzung, Hölzels „künstlerische Materialien" als Grundlage der Lehre, dieser Gedanke wird am Bauhaus durch seine Schüler Johannes Itten und Oskar Schlemmer im dortigen „Vorkurs" Programm vertreten. Für Hölzel sind die künstlerischen Grundlagen erlernbar wie Mathematik oder Fremdsprachen, ein Ansatz, der in Wien schon praktiziert wird, dort wird an den Schulen der Zeichenunterricht schon sehr viel intensiver gefördert. Damit einher geht die Absage an den Geniegedanken. Zeichnen wird eine absolute Grundlage für kreatives Schaffen. Aus einfachsten Formen entstehen dabei komplexe Zusammenhänge. Hölzel strebt eine generelle Reformierung künstlerischer Ausbildung an, die schon in den Schulen beginnen soll. In der Einbeziehung schulischer Pädagogik unterscheidet sich Hölzel vom Bauhaus, deckt sich aber mit den Intentionen von Walter Gropius. Insofern, als Hölzel-Schüler wie Itten, Schlemmer und Albers dort tätig werden, ist Adolf Hölzel vor allem in der frühen Phase des Bauhauses durchaus präsent. Seine Farbenlehre, sein Farbkreis, wird durch einen anderen seiner Schüler, Ludwig Hirschfeld-Mack, im Vorkurs gelehrt. Auch in Kandinskys Farbseminar werden Hölzels Theorien besprochen. Das Bauhaus dürfte, nach einem anderen Hölzel-Schüler, Vincent Weber, „der größte Multiplikator Hölzelschen Denkens gewesen sein."

Literatur zu Adolf Hölzel:

Adolf Hölzel: Einiges über die Farbe in ihrer bildharmonischen Bedeutung und Ausnützung. Mit einer Einführung von Wolfgang

Kermer (staatliche Akademie der Bildenden Künste), Stuttgart
1997

Kunst ist eine Wissenschaft – Hölzel, Baumeister und die
Stuttgarter Akademie, Hrsg. Ulrike Gross und Daniel Spanke
(Kunstmuseum Stuttgart), darin vor allem: Daniel Spanke: „Dem
Selbständigen die Wege zu ebnen" Adolf Hölzel und Willi
Baumeister – Lehrer, Schüler, Künstler, S.22-26

Kunstmuseum Stuttgart: KALEIDOSKOP. HOELZEL in der
Avantgarde

Peter Gorsen, „Als die Malerei innerlich wurde. Die majestätische
Ruhe des Anorganischen." in: FAZ 14.8.07

Alexander Klee: „Adolf Hölzel – Spritus Rector" in: Die ganze Welt
ein Bauhaus Ausstellungskatalog des ZKM Karlsruhe (München
2019)

Zu Adolf Hölzel: Ingeborg Bauer, Wege in die Abstraktion –
Lyrische Betrachtungen (Norderstedt 2013), S.18-26

Künstler am Bauhaus

Der Hölzel-Schüler Johannes Itten (1888-1967)

Ein Hölzel-Schüler ist eine der wichtigsten Persönlichkeiten
der ersten Phase des Bauhauses: der Maler und Kunstpäda-
goge Johannes Itten. Er wird in einem hochgelegenen Dorf
im Schweizer Kanton Bern als Sohn einer Bergbauernfamilie
geboren. Wie sein früh verstorbener Vater will er Lehrer
werden. Nach einer mit Auszeichnung abgeschlossenen
Ausbildung unterrichtet er an einer Dorfschule mit viel

Engagement. Musik, Kunst und Sport sind dabei prominent vertreten. Er gibt aber den Lehrerberuf bald auf. Mit dem ererbten Geld eines Onkels kann er sich mehrere Reisen leisten und beschließt daraufhin, Kunst zu studieren, Maler zu werden. Nach dem Besuch der Kunsthochschule in Genf geht er zu Adolf Hölzel nach Stuttgart. Von 1913 bis 1916 gehört er zusammen mit Willi Baumeister und Oskar Schlemmer zum „Hölzel-Kreis". 1916 geht Itten nach Wien, wo er eine private Kunstschule betreibt. Dort begegnet er im Kreise Alma Mahlers Walter Gropius, der ihn sofort ans Bauhaus verpflichtet. Sein Unterricht umfasst subjektive und objektive Elemente. Er will zunächst das subjektive Erleben der Studierenden stärken, um ihnen, darauf aufbauend, objektive Erkenntnisse zu vermitteln. Rhythmisches und harmonisches Gestalten stehen dabei im Mittelpunkt. Durch Itten gelangen Hölzels Kunstdidaktik und Kompositionslehre ans Bauhaus. Itten gelingt so in der Nachfolge seines Lehrers Hölzel eine grundlegende Reform der Kunstausbildung. Ihm obliegt die Entwicklung und Leitung des für alle Studierenden obligatorischen Vorkurses.

Bei der Gestaltung des Vorkurses hat Itten freie Hand. Die halbjährige Teilnahme ist zugleich Probezeit und Vorbereitung für die verschiedenen Werkstätten, die nach den verwendeten Materialien unterschieden werden: Holz, Metall, Gewebe, Farbe, Glas, Ton und Stein. Bald entwickelt sich ein duales Ausbildungsmodell: Der parallel laufende Unterricht bei einem Künstler und einem Handwerker soll den Studierenden sowohl in handwerklicher als in gestalterischer Hinsicht ein Maximum an Kenntnissen vermitteln. Anfangs stehen fast alle Werkstätten unter dem Einfluss Ittens. Gemeinsam mit Georg Muche leitet er als Form-Meister sämtliche Werkstätten außer der grafischen Druckerei, der Feininger vorsteht, und der Töpferei, die Gerhard Marcks unter sich hat. Doch schon im folgenden Semester übergibt Itten die Leitung der Steinbildhauerei an Oskar Schlemmer, einem weiteren Hölzel-Schüler. Muche übernimmt die Weberei, die später unter Gunta Stölzl arbeiten sollte. Paul Klee, inzwischen auch am Bauhaus, leitet die Buchbinderei. Gropius selber ist für die Tischlerei zuständig. Zu den Bauhausmeistern gehört bald darauf auch Wassily Kandinsky.

Itten will den Studierenden, ganz im Sinne Hölzels, Mut zur eigenen Arbeit geben, persönliche Erfahrungen in ihre Arbeit einzubringen. Allerdings soll auch die spätere Berufswahl vorbereitet werden. Er vertritt ein rational-wissenschaftliches Konzept. Die Studierenden sollen mit den „künstlerischen Mitteln", wie Hölzel lehrt, die Gesetze und Formen der Natur erfassen, erforschen und analysieren und diese in künstlerische Arbeiten überführen. Für Itten ist eine ganzheitliche Gestaltung wichtig, die Geist, Körper und Seele gleichermaßen Anteil am künstlerischen Schaffen geben soll. Yoga und Atemübungen stehen täglich am Beginn seiner Kurse. Durch beidhändiges Malen entstehen symmetrische Ornamente. Er lässt diesen zeichnerischen Übungen gymnastische vorausgehen. Er übernimmt und variiert die von Hölzel geforderten täglichen legendären „1000 Striche". Itten verbindet also einen spirituell-esoterischen Ansatz mit konkreten Anweisungen. So wird aus Hölzels Strukturanalyse bei Itten eine stärker von der Emotion beeinflusste Empfindungsanalyse.

Gunta Stölzl schreibt 1919 über Ittens Unterricht in ihr Tagebuch: „Geheimnisse, große Zusammenhänge werden sichtbar … Erst muss man seine Hand ausbilden … ebenso wie der Klavierspieler Fingerübungen macht, machen auch wir Fingerübungen … Zeichnen ist nicht, Gesehenes wiedergeben, sondern, das, was man spürt durch äußere Anregung … durch den ganzen Körper strömen lassen, dann kommt es als etwas unbedingt Eigenes wieder heraus …“.

Unter Johannes Itten arbeitet drei Sommersemester lang auch seine einstige Lehrerin in Stuttgart: die Hölzel-Schülerin Ida Kerkovius.

Farbenlehre

Von Hölzel herkommend sind ihm eine Kontrast- und Formlehre wichtig. Die allgemeine Kontrastlehre beruht auf Gegensätzen wie groß – klein, spitz – stumpf, ruhig – bewegt, horizontal – vertikal, kalt – warm etc. Die Formenlehre behandelt u.a. die geometrischen Grundfiguren. Die Farbenlehre baut auf Komplementärkontrasten auf. Itten verwendet dazu eine Farbkugel, die zu einem Stern aufgeklappt, die Komplementärfarben einander gegenüber stellt. Die zwölf Kreisfarben werden in sieben Helligkeitsstufen dargestellt. Auf diese Weise ist Blauviolett mit Gelb konfrontiert, Cyanblau mit Zinnoberrot etc.

Formenlehre

Seine Formenlehre geht von den Grundformen Kreis, Quadrat und Dreieck aus, wobei jeder Form ein bestimmter Charakter zugesprochen wird. Der Kreis gilt als „fließend" und „central" [sic!], das Quadrat als „ruhig", das Dreieck als „diagonal". Wenn man, wie Itten es tut, dem Kreis die Wellenlinie, den offenen Halbkreis, die Spirale zuordnet, so lässt sich in der Tat eine Bewegung feststellen. Der Kreis an sich ruht allerdings in sich, dreht sich selbstbezüglich um die eigene Achse. Der rechte Winkel vermittelt dem Quadrat auch in abgeleiteten Formen etwas Ruhiges, Geordnetes. Das Dreieck kann man sich frei im Raum vorstellen, im Zickzack, diagonal im Raum, bekommt es eine blitzartige Beschleunigung. Er regt die Schüler an, zu vereinfachter Linienführung zum Beispiel beim Aktzeichnen, wobei der Rhythmus, den der Zeichnende in der Figur erkennen soll, eine dominierende Rolle spielt.

Der Gedanke, den Grundformen Farben und spezifische Wertigkeiten zuzuordnen ist schon bei Hölzel da, wird aber bei Kandinsky und Klee und anderen am Bauhaus von zentralem Interesse sein und in deren Vorkurse übernommen. Itten behandelt auch alte Meister, die er einer Analyse unterwirft, indem er die Studierenden aus dem Komplexen ein Wesentliches herausarbeiten lässt. Sie sollen sich dabei auf den Rhythmus des Bildes, auf eine Analyse der Farben, auf Hell-Dunkel-Werte konzentrieren.

Ein Beispiel für die Arbeit des Vorkurses unter Itten ist eine Arbeit von Paul Citroen: Farbanalyse eines Madonnenbildes, um 1921. Im Zentrum des Bildes befindet sich eine frei gestaltete flächige Skizze des ursprünglichen Bildes. Drum herum werden farbliche Rechtecke geklebt, die die Farben des ursprünglichen Bildes präsentieren.

Itten ist der Lebensreformbewegung zuzurechnen, die zu Beginn des Jahrhunderts vor allem unter Intellektuellen weitgehende Beachtung findet. Sowohl Franz Kafka als auch Thomas Mann befassen sich ernsthaft damit. Man denke auch an den Monte Verità, wo sich eine Künstlergemeinschaft gefunden hat, die unterschiedlichen Reformen folgt. Die von Itten vertretene Lehre zielt auf die Entwicklung des inneren Menschen und umfasst alle Bereiche des Lebens. Er trägt eine selbstgeschneiderte Bauhaustracht, die einer östlicher Religionsausübung nicht unähnlichen Mönchskutte gleicht. Sein Schädel ist glattrasiert, was diesen Eindruck unterstreicht. Einer seiner ihm aus Wien gefolgten Schüler, der rasch zum Meister aufsteigt, ist Georg Muche. Er gehört der Mazdaznan-Lehre an, mit der auch Itten seit den Wiener Jahren bekannt ist und der er sich nun anschließt. Diese Lehre fußt auf altägyptischen, sowie altorientalischen Glaubensvorstellungen, die im späten 19. und frühen 20. Jahrhundert in Europa Verbreitung finden. Aber auch europäische mittelalterliche Mystik findet in diesem Zusammenhang Beachtung. So entsteht eine Art Mischreligion aus Christentum, Hinduismus und Zoroastrismus, die den Menschen über verschiedene spirituelle Stationen zur göttlichen Erkenntnis führen möchte. Der Zoroastrismus ist eine monotheistische Religion, die sich auf Zarathustra beruft und sich im 7. Jahrhundert im persischen Raum ausbreitet. Die Anhänger glauben an einen guten Gott und seinen bösen Widersacher, die miteinander ringen. Die Glaubensgemeinschaft der Mazdaznan kommt ursprünglich aus Amerika. Der Mazdaznan trägt allerdings auch rassistische Züge insofern, als man dort von der Voraussetzung ausgeht, dass vor allem die weiße Rasse einen höheren spirituellen Rang erreichen könne. Dies ist wohl mit ein Grund dafür, dass sich Itten 1922 vom Bauhaus trennt.

Jedenfalls wird die Gruppe um Johannes Itten zum esoterischen Zentrum des Bauhauses. Zum Programm der Mazdaznan-Lehre gehört auch vegetarische Ernährung, die in die Gestaltung des Speiseplans der Bauhaus-Kantine Einzug hält. In den Jahren nach dem Ersten Weltkrieg ist die Ernährungslage prekär, und eine vegetarische Kost ist sowieso angesagt. Armut und Mangel macht sich auch unter den Studenten breit. Es gibt nicht genug zu essen. Man baut eigenes Gemüse an. Doch gehört zur Mazdaznan-Lehre auch regelmäßiges Fasten, eine Atem- und Sexuallehre, sowie zahlreiche Vorschriften, die den Alltag prägen. Elemente davon fließen auch in Ittens Unterricht ein. Sein Vorkurs enthält Leibes- und Konzentrationsübungen, die die einen begeistert, die anderen abschreckt. Diese Ausrichtung, insbesondere die erwähnte politische Ausrichtung, spaltet das Bauhaus. Der Bauhausschüler Paul Citroen sagt später, dass von Itten etwas Dämonisches ausgegangen sei. Er erzählt aber auch von Einladungen zum Essen, wo wundervolle und raffinierte Speisen angeboten werden. Seine Anhänger sehen in ihm fast so etwas wie einen Heiligen, dem man nur mit ungeheurer Ehrfurcht begegnen kann.

Außer Georg Muche spielt auch die Musikpädagogin Gertrud Grunow mit ihrer Harmonisierungslehre eine nicht unwesentliche Rolle. Sie geht davon aus, dass es ein allgemeingültiges, im Menschen verankertes Gleichgewicht von

Farben, Tönen und Empfindungen gebe. Ihr Spezialgebiet lässt sich der „Synästhetischen Musikpädagogik" zuordnen. Ausgehend von der Verschmelzung verschiedener Sinneseindrücke wie Farben und Klängen, Intuition und Verstand geht es ihr darum, eine umfassende Harmonie herzustellen. Bis 1924, in der ersten sozusagen „romantischen oder expressionistischen Phase" des Bauhauses unterrichtet sie nicht nur die Studierenden, sondern auch Meister wie Johannes Itten und Paul Klee. Der Bauhausmeister Lothar Schreyer, der als Vorgänger von Oskar Schlemmer die Bühnenklasse innehat und ein synästhetisches Basisprogramm verfolgt, sagt über Gertrud Grunow: „Sie … mutete uns an wie eine der großen Wissenden der Vorzeit. Aus einer inneren Hellsichtigkeit waren ihr die geistigen Zusammenhänge von Farbe, Form und Ton aufgegangen … So brachte sie die Menschen innerlich und äußerlich ‚ins Gleichgewicht'." Eine Schülerin erinnert sich noch viele Jahre später an beklommene Momente nach der Aufforderung, die Farbe Blau zu tanzen. Sie versucht, den Studierenden mit Hilfe von Bewegungs- und Konzentrationsübungen, zu denen auch der Tanz gehört, dieses Gleichgewicht zu vermitteln. Nur der Mensch, der mit sich selber in Harmonie sei, könne schöpferisch arbeiten. Diese Ansicht vertritt neben Johannes Itten auch Gertrud Grunow. Ihre Lehre trägt Züge der Gestalttheorie, verbindet sich mit Elementen des Zen-Buddhismus, der Eurhythmie, des autogenen Trainings und der Musiktherapie. Kurzum, sie umfasst unterschiedliche Momente der Lebensreformbewegung. Nach ihrem Weggang, der dem von Itten folgt, bleibt ihre Stelle unbesetzt. Das Bauhaus geht in seine nächste Phase.

Es ist erstaunlich, wie Begriffe von Rhythmus und Harmonie, Anklänge an ein synästhetisches Empfinden bei so unterschiedlichen Menschen wie es Hölzel und Itten sind, im Zentrum stehen.

Literatur:

Bauhaus. Bauhaus-Archiv Berlin. Magdalena Droste. Köln 2019

Alexander Klee: „Adolf Hölzel – Spritus Rector" in: Die ganze Welt ein Bauhaus Ausstellungskatalog des ZKM Karlsruhe (München 2019)

Ingeborg Bauer: Wege in die Abstraktion – Lyrische Betrachtungen ((Norderstedt 2013)

Bauhausmeister:

Lyonel Feininger (1971- 1956)

Lyonel Feininger: Eckdaten zu seinem Leben

Lyonel Feininger wurde 1871 als Sohn eines deutschstämmigen Musikerehepaares in New York geboren. Sein aus Durlach in Baden stammender Vater ist Geiger, seine Mutter ist Sängerin. Er erhält Geigenunterricht von seinem Vater und Klavierunterricht von seiner Mutter. Im Oktober

1887 reist er nach Deutschland. In Berlin trifft er seine Eltern, die auf Konzertreise sind und erhält die Erlaubnis, statt des vorgesehenen Violinstudiums in Leipzig Zeichenunterricht in Hamburg zu nehmen. In den folgenden Jahren ist er in verschiedenen Kunstschulen eingeschrieben. 1893 beginnt er als freier Illustrator und Karikaturist zu arbeiten. 1901 heiratet er die Konzertpianistin Clara Fürst, die Tochter eines Malers. Im selben Jahr wird ihre Tochter Lore geboren, im Jahr darauf Marianne. 1905 lernt er Julia Berg kennen und trennt sich von Clara. Julia studiert an der Großherzoglichen Kunstgewerbeschule in Weimar. In der Umgebung von Weimar entdeckt er seine Motive, die thüringischen Dorfkirchen, in erster Linie die vor den Toren Weimars liegende kleine Kirche von Gelmeroda. Ende 1906 wird Andreas geboren. 1908 besucht er zum ersten Mal Heringsdorf auf Usedom. Nach der Heirat mit Julia zieht er nach Berlin. In den folgenden beiden Jahren werden die Söhne Lawrence und Theodor Lux geboren. Von 1919 bis 1926 arbeitet Feininger als Form-Meister am Bauhaus in Weimar. Er zieht 1926 mit dem Bauhaus nach Dessau, wo er bis 1933 tätig ist. Übrigens komponiert Feininger 1921 seine erste Fuge. Er ist ein Doppeltalent. 1937 verlässt das Ehepaar Feininger Deutschland. Bis zu seinem Tod 1956 im Alter von 85 Jahren lebt und arbeitet er in New York.

Anfänge

Bei einem Aufenthalt in Paris zwischen 1906 und 1908 knüpft Feininger Kontakte zur dortigen Kunstszene. 1911 fahren er und seine Frau Julia wieder nach Paris und besuchen dort den *Salon des Indépendants*, an dem beide mit Bildern vertreten sind. Dort begegnet Feininger dem Kubismus, was für seine Entwicklung von großer Bedeutung werden sollte. Er trifft dort auch, ähnlich wie Klee, Robert Delaunay. Dessen neue Darstellungsweise erregt Aufsehen wegen der geometrischen Reduktion des Gegenständlichen und seiner abstrakten Zergliederung. Schon eine Weile sucht Feininger offensichtlich nach einer neuen Herangehensweise und wird darin von seiner Frau, die selbst eine ausgebildete Malerin ist, bestärkt. Am 29. August 1907 schreibt er an Julia: „Aber es ist fast unmöglich, von der gewohnten Wirklichkeit abzugehen. Das Gesehene muss innerlich umgeformt und crystallisiert [sic!] werden." Das wird allmählich zu einer Ablösung seiner Natur-Notizen durch abstraktere Formen führen. Bisher steht die Figur im Mittelpunkt seiner Zeichnungen, jetzt wendet er sich der Architektur zu, die bisher eher als Kulisse fungiert. Die Wandlung findet in den Sommern auf Usedom statt und in der ländlichen Umgebung von Weimar, wo er sich etwa zur selben Zeit wie auf Usedom, 1911 bis 1914, ohne Familie aufhält, um ungestört arbeiten zu können. Die kleinen Kirchen werden nun sein großes Thema, in erster Linie sind es die Turmhelme. Es entstehen jene geometrisch- stilisierenden, von geraden Kanten wie von Strahlen durchzogenen Architekturporträts, die kleinen, unspektakulären Dorfkirchen eine Transzendenz verleihen.

Lyonel Feininger und Usedom – ausgehend von der Kirche in Benz

Von der Kirche in Benz gibt es aus allen Schaffensphasen Lyonel Feiningers von 1908 bis in das Jahr seines Todes, als

Die Kirche in Benz auf Usedom

er längst wieder in New York lebt, Bilder in den unterschiedlichsten Malweisen. Im Jahr 1907 hat sich Lyonel Feininger dazu entschlossen, der angewandten Kunst, der Karikatur, den Rücken zu kehren und sich ernsthafter mit Zeichnung und Malerei zu befassen. Er begibt sich auf die Suche nach einer eigenen, ihn überzeugenden Darstellungsweise.

Es ist in den Sommern auf Usedom, wo Feininger allmählich zu diesem eigenen Stil findet. Ausgehend von Zeichnungen nach der Natur entwickelt er allmählich seine für ihn so typische prismatisch-kristalline Darstellungsweise, und es ist gerade die Kirche in Benz, wo es bis zuletzt beides gibt, die an der Natur, beziehungsweise realen Bauweise orientierte

Natur-Skizze und das prismatische, Transzendentes berührende Gemälde, das nicht mehr vor der Natur entsteht. Und ganz zuletzt, im Jahr vor seinem Tod, kehrt das Motiv wieder zurück aus der Erinnerung ins Naturhafte: „Untitled / Benz" / Öl auf Leinwand / 1955 - es ist vermutlich eines seiner letzten Gemälde, zugleich entsteht eine Version, in der sich das Figurative geradezu auflöst in einer im Blauen versinkenden Erinnerung („Benz" / Aquarell und Feder / 1955). So wird die auch innen bezaubernde Kirche von Benz, von der man nicht einmal mit Sicherheit weiß, ob er sie betreten hat, zur Schaffensikone, die ihn einen Großteil seines Lebens begleitet.

Was dieses Motiv, überhaupt die alten Dorfkirchen, für Feininger so anziehend gemacht hat, bleibt ein Geheimnis. In einem Brief an seinen Freund, den Maler Alfred Kubin, schreibt er über die thüringischen Dorfkirchen folgendes: „die alten Dorfbauleute haben gewusst zu wirken, unfehlbar und mit den bescheidendsten Mitteln ... Es gibt Kirchtürme in gottverlassenen Nestern, die mit das Mystischste sind, was ich von sogenannten Kulturmenschen kenne! ... ich stehe davor stundenlang und erschleiche das Geheimnis ihrer Form – brutal zupacken giebt's [sic!] hier nicht – es ist eine verzweifelte Liebe, die Einen [sic!] unendlich geduldig macht. Jedes Mal ist ein neues Stück errungen."

Zweifellsohne ist die Kirche von Benz auch für den heutigen Besucher idyllisch gelegen, besonders der Blick von der durch den Malerkollegen Otto Niemeyer-Holstein erhaltenen Windmühle ist einzigartig. Feininger war nach Deutschland gekommen, um Geige zu studieren und

Die Kirche von Benz gesehen von der Windmühle
oberhalb von Benz Und sie Decke im Innenraum

begann eine Ausbildung zum Zeichner, zum Karikaturisten, und nun in einem weiteren Schritt bindet er das Zeichnerische, Grafische in eine kristalline Struktur ein. Gleichzeitig entdeckt er eine klassisch zurückhaltende Farbigkeit. Doch ist es die Zeichnung, die Natur-Notiz, mit der er sich am Strand von Usedom und auf seinen Radtouren im Hinterland der Insel beschäftigt. Er selbst schreibt seinem Freund Alfred Churchill über seine künstlerische Entwicklung: „ … 1908 hatte ich die Möglichkeit, den ganzen Sommer draußen zu zeichnen, und machte sehr viele Notizen … ein Experimentieren mit farbigen Umrisslinien und kontrastierenden Flächen … 1909 begann ich zum ersten Mal Landschaften zu skizzieren, noch dekorativ, van Gogh verehrend. 1910 erreichte ich einen größeren Rhythmus, die Farbe ein wenig vernachlässigend, wobei ich mich hierbei sicher fühlte. 1911 brachten mich meine Studien an einen kritischen Punkt, an dem eine Imitation der Natur fast erreicht war."

Am 2. September 1910 schreibt er aus Neppermin noch, wie „frei und gut und stark [s]eine Notizen nach der Natur sind". Doch dann heißt es in einem Brief vom 19. September 1910 über seine Ölbilder vor der Natur: „… ich finde keinen ‚Reiz' darin und bin bloß froh, dass ich besser ‚aus dem Kopf' male. Ich könnte sie allesamt verbrennen … ich werde die Bilder, die ich hier in der Landschaft sehe, nach ‚Notizen' aus dem Gedächtnis malen … und die werden gut werden … ich werde jetzt spazieren gehen und viele Notizen machen."

Mitte September schreibt er dann an seine Frau Julia: „Ich war … schrecklich niedergeschlagen, saß lange Zeit in meinem Zimmer und tat nichts, fast entschlossen, alles hier aufzugeben, und mein dummes Malen nach der Natur. Manchmal hasse und verachte ich ‚Natur', ich mag meine Bilder so viel lieber." Feininger fühlt ein Ungenügen an der Darstellung der reinen Realität, die er inzwischen wunderbar beherrscht. Doch sucht er nun nach der Struktur, dem Gesetz, das hinter der Natur erscheint, das sie transzendiert. Seine Lösung findet sich in einer prismatisch-kristallinen Darstellungsweise, wie sie sich auch aus der Skizze der Villa Oppenheim in Heringsdorf und ihrer Umsetzung in einem Holzschnitt deutlich macht. Und natürlich in seinen Bildern von der Kirche von Benz, zum Beispiel aus dem Jahr 1913.

Ganz besonders dazu geeignet sind Darstellungen von Meer und Wolken, die an sich schon Abstraktion bieten. Dazu gehören auch Schiffe und Segel, die Dreiecksformen anbieten. Auch findet sich ein wenig Caspar David Friedrich in Bildern wie der „Vogelwolke" 1926, wo die winzige Figur eines Menschen, der ganz an die Seite gerückt, den „Mönch am Meer" des älteren Malers zu reflektieren scheint. Und doch fehlt bei Feininger die bei Caspar David Friedrich stets thematisierte Metaphysik. Es handelt sich bei ihm wohl eher um Distanzfiguren, die die Größe von Meer und Himmel verdeutlichen.

Mit dem Kriegseintritt der USA wird das Leben für die Feiningers schwieriger. Als amerikanischer Staatsbürger ist er in seiner Bewegungsfreiheit eingeschränkt. Durch Vermittlung von Freunden kommt er in den Harz, nach Braunlage. Hier kann er nicht malen und beschäftigt sich nun mit einer neuen Technik: dem Holzschnitt, Es entstehen die ersten

Feiningers Motive auf Usedom

Die Villa Oppenheim in Heringsdorf

Lyonel Feininger in Bansin
Kunst Salon im Beachhotel Kaiser Strand

Auf den Usedomer Spuren von Lyonel Feininger zwischen 1908 und 1913
Wir zeigen im Salon das Feininger-Fahrrad Cleveland Ohio von 1897

Wir sind diese Saison für Sie da!

Geöffnet ist der neue Kunst Salon im Beachhotel Kaiser Strand an der Bansiner Promenade bis zum 3. November 2019 jeweils Mittwoch, Samstag und Sonntag von 12 bis 16 Uhr. Sie erreichen den Salon über die Promenade oder vom Hotelvorplatz aus über die Rezeption. Der Kunst Salon ist die Nachfolge-Galerie vom Kunst-Kabinett Usedom, das zwanzig Jahre lang neben der Feininger-Kirche Sankt Petri in Benz besondere kulturelle Akzente auf der Insel Usedom gesetzt hat.

Motive von Lyonel Feininger mit Bezug zur Insel Usedom können Sie kaufen:

Bansin: Kunst Salon Im Kaiser Strand Beachhotel an der Promenade in Bansin. Das gesamte Programm in der Nachfolge vom Kunst-Kabinett Usedom in Benz! Zur Insel Usedom liegen vor: Kunstdrucke, Postkarten. Das Feininger-Buch *Auf dem Namenrad – Karikaturen*. Mobil 0.170.73.89.025. Mail: info@kunstkabinett.de

Bei folgenden Partnern auf der Insel erhalten Sie Feininger während der individuellen Öffnungszeiten: **Benz**. Kulturmühle auf dem Mühlenberg. Telefon: 038.379.227.944. Plakate, Postkarten, Feininger-Buch. **Heringsdorf**. Maxim-Gorki-Buchhandlung, Friedensstraße 14. Telefon: 038.378.22.561. Kunstdrucke, Postkarten, Feininger-Buch. **Heringsdorf**. Usedomer Kunstverein e.V. im Kunstpavillon am Rosengarten. Telefon: 038.378.22.877, Mobil: 0.179.776.2246. Kunstdrucke, Postkarten, Feininger-Buch. **Zinnowitz**. Refugium Galerie. Kunst am Meer. Dünenstraße 34. Mobil: 0.151.270.74.925. Kunstdrucke, Postkarten, Feininger-Buch.

www.kunstkabinett.de · Mobil 0170.73.89.025 · info@kunstkabinett.de

Druckstöcke, die er mit dem Taschenmesser aus weichem Holz herausschneidet. In den Drucken kommt es nochmals zu einer intensiven Auseinandersetzung mit dem Kubismus.

Feininger am Bauhaus

Im Frühjahr 1919 zieht Feininger mit seiner Familie nach Weimar, um dort als Formmeister am Bauhaus zu arbeiten. Warum Gropius ausgerechnet ihn als ersten Meister ans Bauhaus berufen hat, liegt wohl in der zurückhaltenden Art des Malers, der nicht viel Aufhebens von sich macht. Er ist auch niemand, den man eindeutig positionieren kann, jedenfalls nicht zu dem Zeitpunkt. Er ist ein nobler Mensch und ein ernsthafter Künstler.

Feininger wird die Titelseite des Bauhausmanifests gestalten. Das Manifest beginnt mit den Worten: „Das Endziel aller bildnerischen Tätigkeit ist der Bau! Ihn zu schmücken war einst die vornehmste Aufgabe der bildenden Künste, sie waren unablösliche Bestandteile der großen Baukunst. […] Maler und Bildhauer müssen die vielgliedrige Gestalt des Baues in seiner Gesamtheit und in seinen Teilen wieder kennen und begreifen lernen, dann werden sich von selbst ihre Werke wieder mit architektonischem Geist füllen, den sie in der Salonkunst verloren." Feininger bezieht sich mit seinem Holzschnitt einer sternenbekrönten gotischen Kathedrale auf die mittelalterlichen Bauhütten, die als Vor- und Sinnbild des Bauhausgedankens dienen.

Seine Beschäftigung mit dem Holzschnitt in der Kriegszeit prädestiniert ihn zu der Übernahme der Druckwerkstatt. Begeistert über seine neue Wirkungsstätte schreibt er an Julia: „Ich habe auch den Kupferdruck-Raum gesehen! […]

Wir werden hier wie im Malerhimmel sein!" In der Tat hat die Werkstatt den Krieg gut überstanden, so dass Feininger sofort mit der Arbeit beginnen kann. Allerdings besteht schon bald die Notwendigkeit, wirtschaftlich produktiv zu werden. In diesem Zusammenhang entstehen auch zahllose Mappenwerke der Künstler am Bauhaus. Zwischen 1921 und 1924 entstehen vier Mappen „Bauhaus-Drucke. Neue europaeische [sic!] Graphik". Es werden Werke der Bauhaus-Meister zusammen mit solchen der europäischen Avantgarde gedruckt. Die Mappen selber werden von Otto Dorfner und seiner Werkstatt hergestellt. Die Deckblätter sind ornamental wirkende Abstraktionen über einer getönten Fläche. Die dritte Mappe schmückt ein Blatt von Paul Klee. Die 5. Mappe entspringt einem Entwurf von Josef Albers und erinnert an einen gewebten Teppich, beziehungsweise an seine grau-schwarzen Glasfenster im Vestibül des Grassi-Museums in Leipzig. Lyonel Feininger hat eine Mappe mit 12 seiner Holzschnitte herausgebracht. Wobei die Druckvorlagen von Feininger oft nur aus den Deckeln von Zigarrenkisten – es war ja Kriegszeit – bestehen und vorsichtig mit der Hand gedruckt werden müssen. Feininger hat seine spezifische Art, Holzschnitte vorzunehmen. Im Holzschnitt ist eine gewisse Abstraktion naheliegend, wenn nicht vorgegeben. In dem Holzschnitt „Sturm" hat er sich blitzartig gegeneinander verschobener Linienbündel bedient, die ein völlig abstraktes Bild abgeben würden, wären da nicht die Dreiecks-Segel eines Schiffs, das sich gegen die Linienbündel von Wogen aufbäumt. Im „Regentag am Strand" (1918/1921) arbeitet er wieder mit parallelen Linien. In der Waagrechten stellen sie die ruhige See dar, in Schrägen den Regen. Winzige Silhouetten von am Strand Stehenden geben die Proportionen und sind kontrapunktisch wichtig, eine liegende Figur hell auf dunklem Strand führt perspektivisch ins Bild. Der Holzschnitt „Gelmeroda" unterscheidet sich sehr von den Zeichnungen. Hier stellt sich ein Baum mit seinem Geäst vor die Kirche. Wieder arbeitet der Künstler mit waagrechten Linien, die dünner oder dicker größere Dachflächen bilden, während der Himmel als Nachthimmel das Schwarze betont. Ganz unten schließen kubische Hauselemente das Bild ab.

Das Jahr 1918 sollte sich als das produktivste Jahr erweisen, was den Holzschnitt betrifft. Feiningers geometrischem Stilempfinden muss diese Technik entgegengekommen sein. In einer ersten Phase arbeitet er aus dem dunklen Fond die lichten Teile heraus, so dass im Bild das Schwarz des stehengebliebenen Holzes bildbestimmend wird. In späteren Jahren kehrt er das Verfahren um und arbeitet aus dem hellen Grund die schwarzen Umrisse und Rahmenkonturen heraus. Die Holzschnitte werden nun immer lichter, und von klaren Konturen geformte Bildgegenstände werden beherrschend. Mit diesem Verfahren erreicht er Effekte ungewöhnlicher Beleuchtung von Strand, See und Himmel, den meist von der Seite gezeigten Schiffen, die auch auf tobender See Festigkeit beweisen. Auf die Phase der Holzschnitte folgen die Aquarelle, gleichzeitig beginnt er sich nun der Musik zuzuwenden.

Feininger ist auch zuständig für die Beschriftung des Titelblattes der Bauhaus-Mappen und hat da so seine Probleme. Die Buchstaben unterscheiden sich nach Größe und

Formung. Es gibt Vertikale, Schrägen und Rundungen, einzelne Buchstabenteile sind fett gedruckt, verstärkt, andere dünn und eng zusammengepresst. Im Ganzen entsteht so ein unregelmäßiges Gewebe, dessen Lesbarkeit erschwert ist. Was Schriften am Bauhaus betrifft, so gibt es Experimente unterschiedlicher Art. Das wurde schon in Teil I von *Der Goldene Schnitt* ausgeführt.

Feiningers Aquarelle sind eigentlich Federzeichnungen, deren Kolorierung mehr ein Ausmalen der durch exakte Striche gebildeten geometrischen Figuren, wobei es gerade die Segel großer Schiffe sind, die zu akkuraten geometrischen Figuren werden.

Als Bauhaus-Meister bleibt Feininger eine singuläre Figur, lehnt das Serielle ab und fühlt sich zutiefst der Romantik verpflichtet. Er ist der Überzeugung, dass man Kunst nicht lehren kann. Ihm geht es in erster Linie darum, eine bestimmte künstlerische Haltung zu vermitteln: die Achtung vor den Formen der Natur und eine unerbittliche Selbstkritik gegenüber deren bildnerischer Übersetzung im eigenen Werk. Dies entspricht seiner eigenen künstlerischen Entwicklung, die von der Natur-Notiz ausgehend zu einer Art innerer Anschauung gelangt, die den Abbildungscharakter hinter sich lässt. Die Position in Weimar verschafft Feininger nun auch die Anerkennung als Künstler, zudem bringt der Standort Weimar ihn in die Nähe seiner Dörfer, liegt doch die Dorfkirche von Gelnerode geradezu vor der Haustür. In den Bildern der thüringischen Dorfkirchen macht er die Architektur transparent und schafft so einen lichtdurchfluteten neuen prismatisch durchbrochenen Raum.

Die Sommer verbringt er wieder an der Ostsee, jetzt ist es Deep im damaligen Ostpommern. Stets wird er von einem der drei Söhne begleitet. Man lässt dort die in den Wintermonaten gebauten Modelljachten zu Wasser. Feininger zeichnet Schiffe jeglicher Art, notiert sich Farben, malt aber auch ganze Bilder. T. Lux Feininger bestätigt: „Die Sommermonate waren kein Müßiggang für meinen Vater. Der Tag war wenig wert, an dem er nicht wenigstens einige Stunden an seinem Zeichentisch in der Laube saß, mit Kohle und Feder komponierend und gestaltend." Bei ausgedehnten Spaziergängen am Meer studierte er die Formen der sich ständig wandelnden Wolken, die Farben des Meeres, das Licht und seine Spiegelungen auf der Wasseroberfläche. Ein großartiges Beispiel dafür ist das Bild „Wolke" von 1924 wo er aus den vorgelagerten Dünen eine Wolke steigen lässt, die wie ein großer Vogel in bizarrer Form das Bild beherrscht; in ihrem Zentrum ein großes blaues Oval, das wie ein Auge die Mitte des Bildes einnimmt. Auch „Abendwolke II" von 1932 schafft in transparenten Blautönen eine reduzierte Küstenlandschaft und ein Meer, auf dem sich eine bergähnliche Wolke niedergelassen hat. Auch seine Schiffe und Boote setzt er in eine ähnliche Szenerie, prismatisch gezeichnet in der Art seiner Dorfkirchen, gleichen doch Segel den Helmen dieser Gotteshäuser. In fast völliger Abstraktion, prismatisch auf wenige Linien reduziert, sind die „Inseln im Weltmeer" von 1933. In „Ostsee" von 1934 hat Feininger den Prozess der Abstraktion noch etwas weitergetrieben.

Lyonel Feiningers Halle-Serie

Die Stadt Halle wollte im Jahr 1928 einen Auftrag für eine Stadtansicht vergeben. Der damalige Direktor des Museums für Kunst und Kunstgewerbe in der Moritzburg, Alois J. Schardt, schlägt den Bauhaus-Meister Lyonel Feininger vor. Es ist bemerkenswert, dass das Museum damals sowohl Kunst im engeren Sinne, als auch das Kunstgewerbe, das Handwerk, einschließt. Eine Aufgeschlossenheit gegenüber dem Bauhaus, das zu dem Zeitpunkt schon in Dessau ist, wird also vorausgesetzt werden können. Als Feininger am 1. Mai 1929 in Halle eintrifft, ist er von der Atmosphäre der Stadt derart begeistert, dass er sehr bald zu der Auffassung kommt, es würde wohl mehr als nur ein Gemälde entstehen. Im Torturm der Moritzburg wird ihm ein Atelier eingerichtet. Im Herbst desselben Jahres beginnt er mit der Arbeit. Es entstehen elf Gemälde, die von der Stadt zusammen mit 29 großformatigen Zeichnungen angekauft werden. Die entstandenen Bilder beziehen sich auf ganz bestimmte Orte innerhalb der Stadt. Geht man heute durch Halle, so kann man die gegenwärtige Ansicht mit dort angebrachten kleineren Kopien des entsprechenden Gemäldes von Feininger vergleichen. Die Bilder weisen eine beträchtliche Variation des Stils auf, gehören aber ins Zentrum von Feiningers Schaffen.

Marienkirche mit dem Pfeil, 1930 (100 x 82 cm)

Schon der Pfeil geht über das Abbildhafte hinaus, erinnert an Bilder seines Bauhauskollegen Klee. In diesem Falle betont er das Aufstrebende dieser übersteigert steilen dunklen Türme, die ohne Transparenz in ein helleres transparentes Gebäude-Ensemble, einen blauen Himmel eingebettet sind. Während dem Gemälde vorausgehende Zeichnungen eine Staffelung der Türme, die Diagonale des Langhauses der Kirche mit den Strebepfeilern herausarbeiten, dominiert im Ölbild die Fläche, Zweidimensionalität, wie sie später in New York zur Regel wird. Der Kirche geht jegliche Körperlichkeit verloren. Das Aufstreben der Türme wird nun zum eigentlichen Thema des Bildes. Es ist ein wenig, als habe Feininger Bezug genommen auf Motive seines Bauhaus-Kollegen Paul Klee, bei dem es ein vergleichbares In-die-Höhe-Streben in Architekturvisionen gibt. Bei Klee wird dies häufig ausgedrückt durch Treppen und Leitern, aber auch durch Türme. Auch Feininger hat die „Waldkirche" (1921) in seiner Bauhaus-Mappe als eine Art von zentralem weißem Pfeil gestaltet, der von pfeilartigen dunklen Tannen umgeben ist.

Marktkirche von Halle, 1930 (100 x 85 cm)

Hier füllt die gotische Kirche das Bild fast vollständig, nur am rechten Bildrand erhebt sich noch der Rote Turm. Der Kontrast zwischen den geradezu winzigen Figuren auf dem Platz vor der Kirche und dem steil in prismatischen Formen aufsteigenden Bau mit seinen Türmen, lässt das Bauwerk entrückt erscheinen, erhaben und das Geistige thematisierend. Obwohl dem Bild der Einfluss des Kubismus und der Eiffelturmbilder von Delaunay nicht abzusprechen ist, kann hier eine Transzendenz nicht geleugnet werden.

Roter Turm I, 1930 (100 x 82 cm)

Das Bild ist von großer Transparenz der kristallinen Fugen der Architektur. Der Blick des Betrachters fällt durch eine enge Gasse. Licht und Schatten bildet sich vibrierend auf den Mauern ab. Der Turm selbst ist transparent und ein wenig aus der Mitte gerückt, er wird begleitet von einem lichten Schatten. Der Blick des Malers wird oberhalb der Sockelzone der Häuser durch die Straße in die Bildtiefe geführt. Es ist, als wachse der wie aus einem Traum aufsteigende Turm einer Pflanze gleich aus erdigem Humus. Dass Feininger von dieser Stelle der Stadt angezogen wird, wird jedem begreiflich sein, der selbst dort stand und das zu unterschiedlichen Tageszeiten.

Roter Turm

Fotos waren die Grundlage, nach denen der Maler seine Gemälde anlegte.

Roter Turm I

Marktkirche von
Halle

Der Dom in Halle

Kopien von Feiningers Halle-Gemälden, die an den Stellen
in der Stadt angebracht sind, die dem Maler als Ausgangspunkt dienten.

Die Feiningers – eine Künstlerfamilie

Die ganze Familie Feininger ist mit Kunst befasst. Alle haben Erstaunliches geleistet, und es ist ein Verdienst der Lyonel-Feininger-Galerie in Quedlinburg im Sommer 2019 diese Familie in ihrer Gesamtheit vorzustellen.

Zunächst die Eckdaten der Familienmitglieder:

Lyonel Feininger (1871-1956), Zeichner, Maler, Komponist
Julia Feininger (1880-1970), Malerin, Familienmanagerin
Eleonore (Lore) Feininger (1901-1991), Fotografin
Andreas Feininger (1906-1999), Fotograf
Laurence Feininger (1909-1976), Musikhistoriker
Theodore Lux Feininger (1910-2011), Fotograf, Maler
Gertrud Wysse Hagg-Feininger (1912-2006), Designerin

Julia Feininger wird 1880 in Berlin geboren und erhält eine künstlerische Ausbildung. 1903 heiratet sie den Mediziner Walter Berg, von dem sie sich 1905 scheiden lässt. Sie ist eine außerordentlich begabte Malerin, was man mit Blick auf die beiden Gemälde in der Galerie in Quedlinburg nachvollziehen kann. Sie bricht ihre eigene Karriere ab, um sich der ihres Mannes und den drei Söhnen zu widmen. 1927 erwirbt sie die amerikanische Staatsbürgerschaft, was eine Emigration 1937 problemlos macht.

Lore Feininger ist die ältere Tochter aus erster Ehe Feiningers mit Clara, geb. Fürst. Sie wird Ende 1901 in Berlin geboren. Von 1918 bis 1919 studiert sie Malerei an der Hochschule für Bildende Künste Berlin. Daran schließt sich eine Ausbildung zur Porträtfotografin an. Sie arbeitet dann für einen Modefotografen, bis sie 1927 ein eigenes Fotoatelier eröffnen kann. Von 1938 bis 1943 lehrt sie an der Vereinigten Staatsschule für freie und angewandte Kunst in Berlin. 1943 wird ihr Atelier völlig zerstört, was zum Verlust des gesamten Negativarchivs führt. Von 1945 bis 1949 ist sie in einem Fotolabor der US-Armee tätig. Sie hat also eine Karriere gemacht, die sich mit denen der Söhne Feiningers aus zweiter Ehe durchaus vergleichen lässt. Sie hat ganz offensichtlich die Gene ihres Vaters geerbt, und wie den anderen Familienmitgliedern ist ihr ein langes Leben beschieden.

Lawrence, der zweite Sohn der Feiningers, 1909 in Berlin geboren, tritt das musikalische Familienerbe an, obwohl auch er die Doppelbegabung des Vaters besitzt und wie seine Brüder am Bauhaus studiert. Ein Holzschnitt in der Ausstellung zeigt, dass er dem Vater dabei sehr nahe kommt. Zwischen1929-1931 arbeitet er an seinen ersten Kompositionen und erhält Unterricht an der Orgel. 1932 beginnt er mit dem Studium der Musikwissenschaften an der Universität Heidelberg.1934 tritt er zum römisch-katholischen Glauben über. 1945 beginnt er ein Theologiestudium an der Universität Rom, um 1947 Priester zu werden. Er nimmt den Namen Don Lorenzo an. 1971-76 beginnt er wieder mit eigenen Kompositionen und gibt unter anderem ein Konzert in Sankt Peter vor dem Papst und 5 000 Zuhörern.

Theodor Lux Feininger, der jüngste Sohn, wird 1910 in Berlin geboren, auch er ist Student am Bauhaus. Er studiert von 1926 bis 1929 bei Schlemmer, Klee und Kandinsky, den Malern des Bauhauses, und wird selbst Maler. 1936 emigriert er nach New York. Seine erste Frau stirbt 1949. Mit seiner zweiten Frau hat er drei Söhne in den Jahren 1957, 1959 und 1965. Er stirbt 2011 in Cambridge / Mass. im Alter von 101 Jahren. Auch bei ihm als Maler ist die Nähe zum Stil des Vater nicht zu leugnen.

Nun zur Familie als solcher – so viele Begabungen, wie haben sie zusammengelebt? Man möchte glauben, dies sei ohne Konflikte abgegangen, denn es ist wenig an die Öffentlichkeit gelangt. Es wurde schon erwähnt, dass der Vater Lyonel ein eher zurückhaltender Mensch ist, der wenig Aufhebens um seine Person macht. Seine um zehn Jahre jüngere Ehefrau Julia ist eine vielversprechende Künstlerin, auf dem Weg zu einer verheißungsvollen Laufbahn. In der Ehe mit ihrem Mann wechselt sie die Rolle, wie das viele Frauen, auch am Bauhaus, getan haben. Sie wird die kundige Beraterin und Managerin ihres Mannes und sie zieht die drei Jungen groß. Das Leben am Bauhaus kann nicht immer ganz konfliktfrei gewesen sein. Gunta Stölzl schreibt in ihrem Tagebuch von biografischen Brüchen und Neuanfängen in Gestalt von Trennungen, Scheidungen, mehreren Ehen, die sich am Bauhaus ereignen und erwähnt Lyonel Feininger als einen, „der sich quält." Doch wird er stets gewusst haben, was er Julia verdankt. Erst durch Julia kommt Feininger zur Ölmalerei. Ähnlich wie bei Alexej von Jawlensky und Marianne von Werefkin ist zunächst die Frau weiter fortgeschritten in ihrer künstlerischen Entwicklung. In beiden Fällen machen es sich die Frauen zur Aufgabe, selber zurückzutreten, um den Männern eine Zukunft als Künstler zu ermöglichen.

Die Feiningers haben Söhne, die alle außergewöhnliche Begabungen an den Tag legen und die mit ihren Eltern zumindest zeitweise in Weimar und dann in Dessau leben, die am Bauhaus unterrichtet werden. Sie sind also auch sehr eng mit dem Schaffen ihres Vaters konfrontiert. So sind ja zum Beispiel die Holzschnitte von Lawrence kaum von denen des Vaters zu unterscheiden. Alle drei Söhne sind fasziniert von dem noch jungen Medium der Fotografie. Dazu kommt, dass sie die Doppelbegabung ihres Vaters teilen und sehr musikalisch sind. Alle Kinder können Klavier spielen. Lawrence, der selbst komponiert, hat die Fugen des Vaters herausgegeben, der eine Zeitlang die Malerei zugunsten des Komponierens vernachlässigt, was Julia gar nicht gefällt. So entstehen zum Beispiel 1920 sechzehn Ölgemälde, während es in den beiden folgenden Jahren nur noch sechs sind. Die kompositorische Tätigkeit bindet vor allem in den Jahren 1921 und 1922 einen Großteil von Feiningers schöpferischer Kraft.

Was für ein Vater war Lyonel Feininger? Es klingt, als hätten alle drei Söhne ihren eigenen Weg gefunden, als stellten ihre Biografien Erfolgsgeschichten dar. Anderes lässt sich auch nicht berichten. Der Vater teilt mit seinen Söhnen die Liebe zu Eisenbahnen und vor allem zu Segelschiffen. Er ist handwerklich sehr geschickt und bastelt Ostsee-taugliche Schiffe, die dann im Sommer auf See Regatten fahren dürfen. Es gibt Tagebucheinträge, die Lyonel als einfühlsamen Vater kennzeichnen.

Lyonel Feininger über Andreas:

„Andreas lernt pfeifen auf den vier Fingern und versucht ganze 'Melodien' auf diese Art herauszukriegen. Ihn mit eingeknickten Knien hoch und nieder hüpfend bei schwierigen ‚Passagen' zu sehen, ist ein Gaudium – zu hören weniger." (Am 7. Mai 1926)

„Rührend ist auch, dass er jedes Mal, als er ins Atelier trat, mich von neuem mit ‚guten Tag Papileo' und Handschlag begrüßte. Er sah heute so zart aus (…) – aber dann hinzu doch die fein herausentwickelte handwerkliche Präzision und die stählerne Muskelkraft unter dieser schlanken, zarten Hülle des Gestaltens!" (Am 17. Mai 1925)

In Amerika entstehen sehr schöne Porträts von Andreas, die seinen Vater bei der Arbeit zeigen, die dessen Ernsthaftigkeit und freudige Konzentration zum Ausdruck bringen. Es gibt ein Foto der Familie bei einer Geburtstagsfeier. Den Hintergrund bildet eine Fensterfront, wie sie Villen in Kalifornien zeigen etwa von Mies van der Rohe oder Richard Neutra. Hier wird bewusst ins Gegenlicht hinein fotografiert, was in erster Linie die Stimmung kennzeichnet. Und doch sind die Profile von Julia und Lyonel gut sichtbar, während die beiden Söhne dunkler gezeichnet sind. Eine Szene, wie sie sich mit den Jungen an der Ostsee abgespielt hat, wird in Amerika wiederholt. Lyonel und Lux Feininger, letzterer mit Pfeife, lassen, über eine Brüstung gelehnt, (wohl selbstgebastelte) Segelboote zu Wasser. Der Vater ist stolz auf Andreas, der in der Tat ungeheuer kreativ zum Beispiel Löwenzahnsamen zu einem zarten Muster verwebt, die Adern eines Blattes, den Flügel einer Libelle oder ein Spinnennetz in Szene setzt. Dazu der Vater am 9. Oktober 1973: „Aber Andreas hat mir seine neuesten Leica-Aufnahmen in den Vergrößerungen gezeigt und ich bin begeistert davon. Seine Katzenaufnahmen im Gras … Er ist so begabt! und so fleißig!"

Dass Lyonel Feininger eine Sensibilität für Kinder hatte, dafür mögen auch einige seiner Bilder sprechen.

Das „Verlassene Kind" von 1915 (der Maler hat zu diesem Zeitpunkt zwei Töchter aus erster Ehe und seine drei Söhne mit Julia) kauert in einem blau-grünen pyramidenhaften Berg, über den vier überlange Männer schreiten, drei in Braun und einer in Rot mit spitzen Schuhen, die stilistisch den Karikaturen nahe stehen. Sind diese Gestalten überlange Väter, Über-Väter, pervertierte Väter, deren spitze Schuhe den Jungen zwar nicht berühren und somit auch nicht verletzen können? Wird das Kind in seiner grün-blauen Welt bewahrt?

Die späte Skizze von 1952 ohne Titel hat in Klammern den Untertitel: „Vier Erwachsene und ein Kind". Das kleine gelbe Kind ist zwar im Zentrum, aber weit unten, unterhalb der Füße der Erwachsenen, die darüber thronen. Sie sind in gewisser Weise mit dem Kind befasst, das wie ein kleiner Engel, seine Flügelarme balancierend, sich wenig um die Großen zu kümmern scheint. Es handelt sich wohl links um einen Mann, die andern drei sind wohl Frauen. Zeigt es die Freiheit des Kindes, ein Behütet-Sein oder eine Dominanz der Erwachsenenwelt? Feininger ist hier in eine stilistisch sehr vereinfachende Zeichnung zurückgekehrt, die an seine Karikaturen erinnert.

Die Familie Feininger und die Fotografie am Bauhaus

Feininger und seine Söhne sind, wie gesagt, außerordentlich aufgeschlossen gegenüber der Fotografie. Und auch seine Tochter Lore aus erster Ehe macht Karriere auf diesem Gebiet. Andreas hat ein Labor im Meisterhaus in Dessau eingerichtet, in dem er experimentiert. Aber auch die anderen Familienmitglieder benutzen es. Die Aufnahmen von Lux Feininger, die er zwischen 1926 und 1931 macht, sind heute die am häufigsten verwendeten Dokumente über das Bauhaus in Dessau. Er wird bis in die 1960er Jahre in Amerika neben der Malerei fotografieren. Andreas wird sich völlig auf die Fotografie konzentrieren und damit zu Weltruhm gelangen. Aber auch Vater Lyonel benutzt die Fotografie, obwohl er schon auf Usedom zunächst begeistert, dann eher kritisch, auf das Medium als Vorlage für seine Bilder reagiert. Sein Archiv enthält 500 Abzüge und 18 000 Negative. Gerade für seine großformatigen Halle-Gemälde benutzt er die Fotografie als Vorlage, um mit ihrer Hilfe seine zeichnerischen Entwürfe zu gestalten.

In Quedlinburg fasst man die Geschichte der Familie Feininger folgendermaßen zusammen: "Die Feiningers – das ist kein Familienidyll, sondern ein bewegtes Leben in unruhigen Zeiten – alles andere als geradlinig, denn das wahre Leben ist eben keine Bauhaus-Designstudie."

Amerika

Mitte Juni 1937 trifft Feininger zusammen mit seiner Frau in New York ein. Für ihn als amerikanischem Staatsbürger ist es einfacher, dort Fuß zu fassen als für andere Bauhauskollegen. Er beherrscht die Sprache, kennt die Lebensgewohnheiten, hat Freunde dort. Dennoch ist es auch für ihn ein Einschnitt. Er tut sich zunächst recht schwer, zu seiner künstlerischen Arbeit zurückzufinden. Erst 1940 entstehen auf der Grundlage von Zeichnungen und Aquarellen der vergangenen drei Jahre erste Gemälde von der Architektur Manhattans. Doch jetzt bekommt die Architektur einen flächigen, rasterartigen Charakter. Zudem bedient er sich wieder seines krakeligen Kinderzeichenstils, der etwas Spielerisches, Leichtes vermittelt, das sich immer parallel zu den strengen, geometrischen Kompositionen gehalten hat.

1937 schreibt er an seinen Sohn Lux, der seit 1936 in New York lebt: „Am Anfang litt ich zwar sehr unter dem Gefühl des Fremdseins. Aber jetzt fühle ich nur noch einen gewaltigen Vorteil, der darin liegt, dass ich so lange in Europa war, daher bezieht meine Arbeit ihre Stoßkraft." Und dann denkt man an die Kirche in Benz, die ihm über all die Jahre im Gedächtnis geblieben ist.

Literatur und Ausstellungen:

Andreas Feininger, That's Photography, Hrsg. von Thomas Buchsteiner und Otto Letze (Katalog zu einer Ausstellung der Galerie der Stadt Stuttgart 2004), Ostfildern-Ruit 2004

Lyonel Feininger - Die Zeichnungen und Aquarelle Hrsg. Hamburger Kunsthalle und Kunsthalle Tübingen 1998

Lyonel Feininger: Thüringen und die See, Hrsg. von der Lyonel-Feininger-Galerie in Quedlinburg (1987)

„die feiningers – ein familienbild am bauhaus – Ausstellung in Quedlinburg 2019

Alexander Menden: „Der Prismaist. Lyonel Feiningers Kunst entzog sich jeder Kategorisierung." (SZ 4.2.2019)

Papileo und Usedom – Eine Feininger-Radtour. Text: Martin Bartels. Inhalt und Redaktion: Martin Meenke (Bonn 2009)

Christiane Weber: Lyonel Feininger – genial – verfemt – berühmt (Weimar 2015)

Kunstmuseum Moritzburg Halle (Saale): Malerei der Moderne 1900 bis 1945 (2017)

Exkurs:

Robert Delaunay (1885 – 1941)

Der Weg Delaunays zu den Bildern, die ihn bekannt und berühmt machen, ist zunächst beeinflusst von den Nabis, der Gruppe von Malern, die in Pont-Avon von Paul Gauguin dominiert wird. Deren starke Farbigkeit wird sich auf einem Teil der späteren Bilder zeigen. In der Zeit darauf beschäftigt er sich intensiv mit der neoimpressionistischen Farbenlehre, die auf den Theorien von Michel-Eugène Chevreul fußt.

Die Farbtheorie des Eugène Chevreul (1786-1889)

Neben Newtons „Optics" und Goethes Farbenlehre gilt das Werk von Chevreul „De la Loi du Contraste Simultane des Couleurs" („Über das Gesetz des Simultankontrastes der Farben") als eines der wichtigsten Werke zur Farbtheorie. Chevreul entwickelte aus den drei Grundfarben Rot, Gelb, Blau einen Farbkreis mit 23 Mischfarben für jede Grundfarbe, so dass ein Kreis aus 72 Farben entsteht. Auch für das sukzessive Aufhellen und Abdunkeln entwickelt er Farbskalen, was an die Farbkugel erinnert, die Johannes Itten und Paul Klee am Bauhaus verwenden. Während der Farbkreis nur eine beschränkte Auswahl von Farbintensitäten ermöglicht, bietet die Farbkugel mit ihren Stufungen von Hell bis Dunkel eine Vielzahl davon. Klee wendet diese Farben in seinen sogenannten „magischen Quadraten" an, die er 1921 beginnt und bis zum Ende seines Lebens malt. Diese Entwicklung geht zurück auf Delaunay und erweist sich als richtig produktiv auf Klees „Tunisreise".

Delaunay verwendet diesen „Simultankontrast" in „Les Fenêtres Simultanées". Theoretisch formuliert Chevreul folgendermaßen: Legt man zwei sehr ähnlich gefärbte Stoffe oder Papierstücke mit leichten Helligkeits- und Farbtonabweichungen direkt aneinander, so entsteht für den Betrachter ein starker Farbkontrast. Das heißt, dass zwei verwandte Farbtöne nebeneinander sich gegenseitig verstärken.

Der zweite Ansatz gilt dem „Sukzessiven Kontrast", der besagt, dass wenn man verschiedenartige Farbflächen einzeln aufträgt, die Farbfläche wechselt, und die Komplementärfarbe noch im Auge nachwirkt. Diese Wirkung wird auch in der späteren Farbfeldmalerei deutlich und wurde auch von Goethe erkannt. Durch das räumliche Nebeneinandersetzen von Pigmenten kann systematisch ein maximaler Simultankontrast entstehen, wodurch eine Farbreihe von Gegenpaaren entsteht. Dies macht sich unter anderem auch der Neoimpressionismus mit seinem Pointillismus zu Nutze.

Doch nun kommt bei Delaunay eine neue Komponente hinzu. In der Galerie Kahnweiler in Paris sieht er kubistische Arbeiten von Georges Braque und Pablo Picasso, die ihn zu seinen Fenster-Bildern inspirieren und zu der Serie vom Eiffelturm. Sein Werk ist von nun an nicht mehr ohne den Kubismus denkbar.

Der Eiffelturm ist Symbol der modernen Welt. Es gibt 30 Fassungen aus der Hand von Delaunay. Einmal wird der Eiffelturm aus einer Straßenflucht heraus betrachtet, dann aus unterschiedlichen Höhen, in wechselnden Lichtverhältnissen. Es herrscht Simultaneität. Der Turm kippt, Achsen brechen. Nach kubistischer Manier setzt er Front und Seitenansichten zusammen und vermittelt neue Erkenntnisse über die Wahrnehmung eines Raumes. In den 1920er Jahren wird er den Eiffelturm wieder zum Thema machen, nun in einer abgezirkelten abstrakten Form, die die Gerade, auch den rechten, spitzen und stumpfen Winkel einschließt und eine nicht einheitliche Perspektive verfolgt. (Robert Delaunay, Tour Eiffel, 1926).

Vom Fenster seiner Wohnung kann Delaunay den Eiffelturm sehen, und so ist es dieser Blick, der den Anstoß gibt zu seinen Fenster-Bildern. In der von Licht durchfluteten, geometrischen, zarten Struktur meint der Betrachter in meist kubisch beschnittenen Formen, die ineinander fließen, allmählich Gegenständliches zu erkennen, einen Fensterrahmen und darin etwas stärker farbig Formen, die Dächer und Fassaden, das Dreieck eines Turmes andeuten. Doch bleibt alles in einer in farbigen Dunst gehüllten Schwebe, als träume jemand bei fast geschlossenen Augen: Licht und Farbe, helle Leichtigkeit auf Weiß, untergliedert in zahlreiche Rechtecks- und Dreiecksformen (im Zusammenhang mit dem Eiffelturm). Das Bild wirkt zunächst abstrakt, aber allmählich erkennt man Turm und Häuser, geflutet von Licht, die „größte Wirklichkeit", sagt August Macke.

Zu Robert Delaunay, „Fenster zur Stadt"

Perspektiven, verwoben in Licht
und Schatten, gebrochen
ein rhythmisches Ineinander-
und Auseinanderfallen
von Räumen, kaleidoskopisches
Verwandeln, Ausblenden
alles Starren, Fixierten
und dennoch der Anspruch
des Umfassenden –
im Simultanen Aufhebung
der Zeit, in der Vielzahl
der Perspektiven
eine Öffnung des Raums
dem Auge nicht fassbar
eine neue Dimension.

Zu Robert Delaunay, Les Fenêtres Simultanées   No.2 (1912)

Blick aus dem Fenster

Frühlingsgrüne Helligkeit
vollgesogen – Schatten
werfend – fließen
verströmen und
sich fangen in
reiner Struktur
Freude am Glück
der Stunde
im Eingebettetsein
in den Tag.

1911, ein Jahr nach seiner Heirat mit Sonia, lernt Delaunay Wassily Kandinsky kennen und schließt sich noch im selben Jahr der Redaktionsgemeinschaft des „Blauen Reiters" an. 1912 kommen dann Franz Marc, August Macke und Paul Klee in Paris in Kontakt mit Delaunay: Letzterer besucht Delaunay am 11. April 1912 in dessen Pariser Atelier. Im Dezember des Jahres erhält Klee Delaunays Aufsatz „Über das Licht" (frz. „La Lumière") zur Übersetzung für Herwarth Waldens Kunstzeitschrift „Der Sturm" in Berlin, den Franz Marc ihm aus Paris mitbringt und der im Januar darauf erscheint. Delaunay nimmt im selben Jahr an der ersten Ausstellung des „Blauen Reiters" teil und stellt ein Jahr später in der Berliner Galerie „Sturm" aus.

Man erkennt in Delaunays „Fenstern zur Stadt" deutlich den Einfluss, den er auf Paul Klee hat. Er bringt Klee zur Farbe. Ohne den Franzosen wäre die Tunisreise kaum in gleicher Weise zur prägenden Erfahrung geworden. Und der Einfluss prägt auch Klees Lehrtätigkeit am Bauhaus.

Der nächste Schritt ist dann eine der Natur abgeschaute Rhythmik, die Delaunay zur reinen Farbmalerei führt. Schon Paul Cézanne, ein weiteres Vorbild für die Delaunays, gibt der Farbe eine Vorrangstellung im Bild, wenn er sagt: „Ein Bild stellt nichts dar, soll zunächst nichts darstellen als Farben." Und so schreitet nun die Abstraktion fort in seinen „Formes circulaires" oder „Disques simultanes", einer „Peinture pure". Chevreuls Lehre von der Farbe als Gegenstandslicht führt Delaunay zu der Idee von der Farbe als Klang und musikalische Schwingung. Die Kreisflächenbilder basieren auf dem Prinzip, dass sich alle Farbklänge aus dem der Farbe innewohnenden kreisenden Rhythmus entwickeln. Bei einem Besuch des Schriftstellers Guillaume Apollinaire (1880-1918) im Atelier der Delaunays kreiert der Schriftsteller den Begriff des „Orphismus". Er sieht darin die Urpoesie, die Orpheus erfindet, als Malerei verwirklicht. Delaunay lehnt den Begriff wegen dieser bei Apollinaire mitschwingenden lyrischen Komponente ab. Er will seine Darstellung nicht der Poesie zuordnen, sondern als „Cubisme écartelé" (zerteilter Kubismus) technisch verstanden wissen als Analyse der optischen Wahrnehmung: „Ohne optisches Empfindungsvermögen gibt es weder Licht noch Bewegung."

Robert Delaunay: Simultane Kontraste: Sonne und Mond, 1913

Das großformatige Tondo, Robert Delaunay, Formes circulaires. Soleil, Lune, 1912-1913, aus dem Stedelijk Museum in Amsterdam, das schon im Format die Kreisform aufnimmt, thematisiert die mythische Vorstellung von Sonne und Mond als Scheibe, ein farbiges Modell des sich in unendlicher Bewegung befindlichen Kosmos. Delaunay aber geht es in erster Linie um die Reflexionen des Lichts. Bunte Kreisformen ziehen rhythmisch durch die dynamisch bewegte Komposition.

Die Farbe ersetzt das Gegenständliche. Man hat unwillkürlich die Assoziation von Glasfenstern. Nachweislich hat Delaunay die Erfahrung von Lichtbrechung in den Glasfenstern einer Pariser Kirche gemacht. Unter „Peinture pure“ hat er das Zusammenspiel von Form und Farbe und von Farbe und Licht verstanden. Die Wechselwirkung angrenzender, simultaner und komplementärer Farbflächen suggeriert uns bewegte Farbakkorde. Delaunay sieht in der Wirkung von Farbe und Licht eine Art künstlerische Universalsprache, die zur reinen Malerei führen soll. Die Entwicklung zur Abstraktion vollzieht sich bei Delaunay schrittweise und hat erst im Entstehungsjahr des Bildes 1913 ihre Endphase erreicht. Farben grenzen aneinander, kontrastieren, fließen stufenweise, in Übergängen wie bei Klee, ineinander, steigern sich komplementär in den Lichtbrechungen der Himmelskörper. Diese von Licht durchfluteten Scheiben scheinen sich zu drehen vor den blauen Schatten, die das Lichte erst richtig zum Leuchten bringen.

In den 1930er Jahren nimmt Delaunay seine Kreisformen wieder auf. Neben der beschriebenen Form entstehen nun akkurate, geometrisch konstruierte Kreisformen und Scheiben, die vielfarbig einander durchdringen und sich überschneiden, auf klaren Simultan- und Komplementärkontrasten aufbauend wie „Rythme n° 1, (1938), eine Dekoration für den „Salon des Tuileries" im Format von fast 6 x 6 Metern heute im Musée d'Art modene de la Ville de Paris. Ein diffiziles kosmisches Kreisen, das dennoch in einen großen, umfassenden Kreis eingebunden erscheint. Die Innenkreise lassen an das Zifferblatt einer Uhr denken, das asymmetrisch durchbrochen, eine komplexe Ordnung anmahnt, vom Zufall des Chaos berührt, ein Ausbrechen aus der strengen Vorhersehbarkeit der Zeit.

Sonia Delaunay – Terk (1885 – 1979)

Sonia Delaunay-Terk kommt nach einem Studium an der Petersburger Akademie 1904 nach Paris, wo sie 1908 den Kunsthändler Wilhelm Uhde heiratet. Die Ehe dauert nur kurz, schon 1910 heiratet sie Robert Delaunay, mit dem sie die oben beschriebene Entwicklung teilt. Wie er malt sie in einer vom Kubismus ausgehenden Variante der abstrakten Malerei, bei der vor allem Kreisgebilde mit Simultankontrasten in bunten Farben entstehen. Wie ihr Mann versucht sie der reinen Musik eine reine Malerei entgegenzusetzen.

Dabei leistet sie bedeutende Beiträge zur Geometrischen Abstraktion und gilt als Wegbereiterin dieser Kunstrichtung, die sie länger verfolgt als ihr Mann, der 1941 stirbt. Sie setzt gewissermaßen die Serie der „Rythmes" fort. So entsteht 1954 „Rythme coloré" in Mischtechnik auf Büttenpapier, ein Bild, das man fast schon der Farbfeldmalerei zurechnen kann, denn sie setzt runde und halbrunde Formen auf rechteckige Farbfelder und folgt dabei den oben erwähnten Kontrasten, die sie an leuchtender Farbigkeit fast übertrifft. Ähnliches gilt für das im Format größere Ölbild „Rythme couleur" von 1964, das die Kreisformen bewegter erscheinen lässt, indem sie die Kreisformen der Scheiben farblich gegeneinander verschiebt und den aus Rechtecken und wenigen Dreiecksformen stärker differenzierten Hintergrund ebenfalls bewegt erscheinen lässt. Auch hier könnte man einen kosmischen Zusammenhang ahnen, der vom helleren Morgen über den lebendigen Mittag zur eindunkelnden Nacht führt.

Nach dem Tod ihres Mannes 1941 arbeitet Sonia Delaunay mit Hans Arp und Sophie Taeuber-Arp in Südfrankreich zusammen, alten Freunden und Mitstreitern. Sie macht sich einen Namen im Design, das Theaterdekoration und Kostümbildung umfasst, sowie Textildesign. Auch hier denkt man an die Frauen der Weberei am Bauhaus. Sie gehört auch zu den Frauen, die von Walden in Berlin gefördert werden, was eine Ausstellung in der Schirn in Frankfurt 2015/16 aufgreift: „Sturm-Frauen – Künstlerinnen der Avantgarde in Berlin 1910-1932."

Sophie Taeuber-Arp (1889-1943)

Sophie Taeuber-Arp gilt heute als Pionierin der konkret-abstrakten Kunst. Ihre charakteristische Formensprache entwickelt sie schon 1915. Sie arbeitet mit farbigen Dreiecken, Rechtecken, Kreisen, Balken und später auch mit Linien, schon vor dem Bauhaus. Eine Arbeit aus dem Jahr 1935, eine „Komposition mit Kreisen und Halbkreisen" auf schwarzem Grund zeigt, dass es ihr um die Balance geht, eine Art Schwerelosigkeit, in der hier Kreise und Halbkreise in verschiedenen Farben ein abstraktes Marionettentheater aufführen. Es gibt bei ihr auch runde und wellenförmige Elemente, gerade und geschwungene Linien. Sie erreicht damit etwas Schwebendes, Tänzerisch-Bewegtes, ein Gleichgewicht von Farben und Formen, das im Unterschied zu Mondrian spielerisch Entspanntes einschließt.

Sie ist eine sehr vielseitige Künstlerin: sie ist Malerin, Bildhauerin, Textil-Gestalterin, Architektin und Tänzerin. Sie gehört zur Avantgarde, zusammen mit ihrem Mann Hans Arp in den Umkreis des Dadaismus. Die Textilgestaltung verbindet sie auch mit Sonia Delaunay-Terk und den Weberinnen des Bauhauses. Von 1906 bis 1910 studiert sie an der Textilabteilung der *Ècole des arts décoratifs* in St. Gallen, anschließend in München und Hamburg. Nach ihrer Rückkehr nach Zürich beginnt sie 1915 eine Tanzausbildung, die sie mit einer renommierten Gruppe in mehreren Sommern zur Künstlerkolonie auf den Monte Verità führt. Auch im Rahmen von *Dada* tritt sie im *Cabaret Voltaire* als Tänzerin auf, wohl ohne sich mit deren anti-rationalen Bestrebungen zu sehr zu identifizieren. Allerdings gehört sie 1918 zu den

Mitunterzeichnern des *Dadaistischen Manifests*. Zur gleichen Zeit entstehen ihre „Dada-Köpfe", konstruktive, aus geometrischen Formen und den Grundfarben zusammengesetzte Gebilde, die in etwa eine Kopfform annehmen, die an Giorgio de Chirico erinnert, Köpfe, die auf Oskar Schlemmers Figurinen verweisen, auch wenn ihre Abstraktion sich nicht mehr auf figurative Details einlässt. Wie Schlemmer entwirft Sophie Taeuber-Arp in Zürich Bühnenbilder und Marionetten, die sich mit seinem *Triadischen Ballett* berühren.

Ab 1916 leitet sie die Textilklasse an der Züricher Kunstgewerbeschule. Max Bill sagt über sie, dass sie bestrebt war, „ihren Schülerinnen einen Begriff von den Problemen der Zeit zu vermitteln, so dass diese nicht ins sinnlos Kunstgewerbliche abglitten". Mit ihrer Lehrtätigkeit schafft sie über mehr als ein Jahrzehnt die finanzielle Grundlage für ihren und Hans Arps Lebensunterhalt.

Über der Arbeit am Webstuhl gelangt sie, ähnlich wie etwas später die Frauen am Bauhaus, zu „vertikal-horizontalen Kompositionen". Diese Werke gehören zu den ersten konkreten, bzw. konstruktiven Kunstwerken der Moderne und sind etwa zeitgleich mit den Arbeiten von Piet Mondrian und Kasimir Malewitsch. Sie kommt zu einem ähnlichen Ergebnis wie die niederländische *De-Stijl*-Bewegung und die Russische Avantgarde. In Straßburg kommt es zu einer Zusammenarbeit des Ehepaars Arp mit van Doesburg. Sie gestalten ein multifunktionales Vergnügungszentrum mit Kino, Tanzsaal, Restaurant, Tea-Room und Bar, das *Aubette*.

Die Arps waren Mitglieder der Pariser Künstlervereinigung „Cercle et Carré" und der Folgegruppe „Abstraction-Création". Es kommt zu einer langjährigen Freundschaft mit den Delaunays, aber es gibt auch Beziehungen zu vielen anderen wie zu Kandinsky und Miró. In den Jahren 1936-1939 schafft Sophie Taeuber-Arp über 100 Werke. Es ist ihre intensivste Arbeitsphase. Für die dreisprachige Kunstzeitschrift „plastique / PLASTIC" fungiert Sophie Taeuber-Arp als Herausgeberin. Ihr Anliegen ist es, die Entwicklung der konstruktiv-konkreten Kunst zu fördern. Sie stirbt 1943 an einer Kohlenmonoxidvergiftung durch einen falsch gehandhabten Ofen im Hause von Max Bill.

Hans Arp (1887-1966)

Hans Arp besucht die Kunstgewerbeschule in seiner Geburtsstadt Straßburg und wechselt danach an die Kunstschule Weimar (1905-1907). Schon bald löst er sich von der Tradition der figurativen, der Natur verpflichteten Kunst. Wassilly Kandinsky gibt ihm 1912 Raum in der Ausstellung *Der Blaue Reiter*. Seine frühen Arbeiten zerstört er und wendet sich ab 1915 gemeinsam mit seiner späteren Frau Sophie Taeuber der Technik der Papiercollagen zu. 1916 gehört er zu den Begründern der Dadaistischen Bewegung in Zürich. Auf dem Umweg über den Surrealismus kommt er zur Konkreten Malerei. Berühmtheit erlangt er erst nach dem 2. Weltkrieg. Anders als seine Frau arbeitet er mit biomorphen Formen. In „Gurife I" (1954) setzt er eine gelbe tropfenähnliche amorphe Form, von zwei biomorphen weißen Innenformen durchbrochen, auf ein schwarzes

Rechteck, das wiederum auf einem weiteren dunkelgrauen Rechteck ruht. In „Le soleil recerclé" (ca. 1962) platziert er eine solche gelbe Form mit sechs unregelmäßigen, strahlenförmigen Ausbuchtungen auf einen schwarzen Kreis und diesen wiederum auf ein dunkelgraues Quadrat. Auch seine Bronzen verbinden zum Teil eckige und biomorphe Formen in einer skulpturalen Collage: „Géometrique-agéométrique (1942). Typisch für diese Zeit steht sein Werk im Vordergrund, doch bekennt Hans Arp freimütig: „Es war Sophie Taeuber, die mir durch das Beispiel ihrer klaren Arbeiten und ihres klaren Lebens den rechten Weg, den Weg der Schönheit, zeigte. In dieser Welt stehen Oben und Unten, Helligkeit und Dunkelheit, Ewigkeit und Vergänglichkeit in vollendetem Gleichgewicht." [3]

Paul Klee (1879 – 1940)

Paul Klee und Wassily Kandinsky

Paul Klee und Wassily Kandinsky studieren beide ab dem Jahr 1900 in der Klasse von Franz Stuck an der Münchner Kunstakademie und gehen dann bald andere Wege als ihr Meister, weg von der Malerei der Salons, weg von schwelgerisch-dekorativer Kunst, weg von Plüschsofas, Seidentapeten, schweren Vorhängen und dunklen Möbeln.

---

[3] Abstraktion. Von Arp bis Poliakoff. Beispiele aus der Sammlung Würth (Edition Rupertinum Salzburg 2002)

Beide sind schon in München in der Ainmüllerstraße Nachbarn, wo auch Alexej von Jawlensky und Marianne von Werefkin wohnen, eine Zeitlang auch Rilke. Beide sind auf der Suche nach Neuem, einer neuen Form des Ausdrucks, und sie nehmen einander wahr, setzen sich auseinander. Klee liest Kandinskys Gedanken zu Form und Farbe: „Über das Geistige in der Kunst". Während Klee stärker von der Fantasie her, spielerisch arbeitet, ist Kandinsky der Intellektuellere, der klarer Strukturierte. Kia Vahland gibt einem Artikel in der Süddeutschen Zeitung den Titel: „Quadratur der Freundschaft", der sich auf eine Ausstellung im Münchner Lenbachhaus (2015/16) bezieht: „Klee und Kandinsky". Der Titel suggeriert einmal beider Beschäftigung mit dem Quadrat, mit geometrischen Formen, die bei Kanndinsky zur Abstraktion führen, die Klee nicht in gleicher Konsequenz anstrebt. Er wird auch zuletzt der Figuration treu bleiben, wenn auch in reduzierter und recht unterschiedlicher Form. Er wird Gegenständliches mit Abstraktem mischen, und Kandinsky wird Klee sein Regelwerk nicht überstülpen. Die „Quadratur der Freundschaft" könnte aber auch auf die beiden unterschiedlichen Persönlichkeiten anspielen, die sich in Weimar zu einem Doppelporträt stellen, das sich an das Goethe- / Schillerdenkmal vor dem dortigen Theater anlehnt. Bei aller Freundschaft bleiben sie offenbar zeitlebens per Sie.

Der Sohn Felix Klee sagt über seinen Vater und Kandinsky folgendes:

„Die Verbindung mit Kandinsky entstand relativ spät, erst 1911, obwohl er schon jahrelang nur zwei Häuser entfernt von uns in der Ainmillerstraße wohnte. Er und mein Vater besuchten als junge Männer auch gleichzeitig die Akademie unter Stuck und gaben Unterricht in der Ansbeck-Malschule. Sie haben sich immer berührt, aber nie gekannt.

Zu der Zeit lebte Paul Klee noch sehr isoliert, hat viel gearbeitet und hie und da mal ein Bild in der *Neuen Secession* ausgestellt. Den Kunsthandel gab es noch lange nicht.

Mein Vater lernte Kandinsky durch seinen Schweizer Schulfreund Louis Moilliet kennen. Dieser Moilliet war gesellschaftlich sehr engagiert, weitgereist, kurzum, ein Mann, der alle und alles kannte. Moillet erzählte eines Tages, er habe einen ganz tollen, seltsamen Maler ausfindig gemacht: Kandinsky. Kandinsky war gelernter Jurist, kam 1896 von Russland nach München und war schon dreißig Jahre alt, als er mit dem Impressionismus anfing. Nach der Fauve-Periode malte er um 1909/1910 die ersten abstrakten Bilder. Mein Vater war irgendwie überwältigt von diesem Kandinsky, durch den er dann auch mit dem ganzen *Blauen Reiter* in Kontakt kam. Kandinsky interessierte sich sehr für die Arbeit meines Vaters, was diesem sehr wohltat. Mein Vater merkte dadurch, dass er nicht allein war, sondern Mitstreiter hatte: Maler mit ähnlichen Zielen. […]

Kandinsky hatte keine Kinder und war immer sehr leutselig mit mir. Er wohnte mit Gabriele Münter zusammen. Wenn ich zu Hause zu laut war, wurde ich bei denen abgeliefert. Ich habe mich in der Atmosphäre bei denen sauwohl gefühlt. Kandinsky war viel begüterter als wir und hatte eine viel vornehmere Wohnung. Alles war im Jugendstil mit weißen Türen. Ich habe bei ihm im Atelier gemalt und überließ ihm viele Bilder, die jetzt alle mit seinem Nachlass im Musée National d'Art Moderne in Paris gelandet sind.

Ich erinnere mich, dass Kandinsky ein etwas auffallendes Lachen hatte, immer eine Brille trug und wie aus dem Ei gepellt aussah. Mit meinem Vater verband ihn eine wirkliche Freundschaft. Klee sprach nie darüber, aber er hat ihn wohl anerkannt, als den ersten großen Erfinder einer neuen Ära."

Rilke hat „bei uns im Vorderhaus in der Ainmüllerstraße gewohnt." „Mein Vater kannte ihn gut." Dass sie gut miteinander bekannt gewesen sind, wird deutlich an der Tatsache, dass Klee Rilke 1915 für mehrere Monate 40 (oder 60) Bilder (der *Tunisreise*) überlassen hat, was Willhelm Hausenstein in seiner Biographie über Paul Klee erwähnt. Hausenstein arbeitet über mehrere Jahre daran, beginnt wohl 1912 und endet mit der Publikation 1921.

O. K. Werckmeister beschreibt in seinem Aufsatz die Problematik dieser Publikation, die sich aus der Unterschiedlichkeit von Künstler und Biograph herleitet: Wilhelm Hausenstein, ein Intellektueller, der sich zunächst "aktiv für eine neue kollektive Kultur des Sozialismus" stark macht, und Paul Klee, der "die bürgerlich-individualistische Selbstkonzentration des Künstlers auf das eigene Ich kultiviere". Es stehen der Wille zur Kollektivität und Individualismus einander gegenüber, und die Frage spitzt sich daraufhin zu, ob der Künstler der Gemeinschaft zu dienen, seine Kunst einem gesellschaftlichen Ziel unterzuordnen habe, oder ob er seinem subjektiven Erfahren Ausdruck verleihen dürfe. So die Konstellation um 1912. Diese Problematik wird in einer späteren Phase am Bauhaus wieder aufleben.

Die Auseinandersetzung über Abstraktion stellt zu dem Zeitpunkt etwas geradezu Revolutionäres dar und nimmt auch eine moralische Dimension an, die uns heute kaum verständlich erscheinen will.

„Rilke hatte oft große Feste nachts, was meinem Vater gar nicht recht war, da er kein Nachtvogel war." Am Bauhaus waren die Feste verpflichtend. Doch „das übrige gesellschaftliche Leben am Bauhaus war für ihn mit den Bauhausfesten abgetan." Er hielt sich an strikte Arbeitszeiten. Sein Sohn meint, dass er sich ganz wie ein Beamter verhielt.

Paul Klee vor dem Bauhaus

Paul Klee beginnt als Zeichner, findet auf der Tunisreise 1914 aber endgültig zur Farbe: „die Farbe hat mich. Ich brauche nicht mehr nach ihr zu haschen. Sie hat mich für immer, ich weiß das. […] ich und die Farbe sind eins. Ich bin Maler." Klee ist vor der Tunesienreise schon mit dem Kubismus von Braque und Picasso in Berührung gekommen. Insbesondere ist er aber von Robert Delaunay beeindruckt, dessen Werke er zwei Jahre zuvor in Paris gesehen hat. Mit einem Empfehlungsschreiben Kandinskys kann er Delaunay in seinem Atelier besuchen. Delaunays abstrakte transparente Farbfelder sprechen ihn an, er nimmt sie auch bei August Macke, seinem Reisegefährten, wahr. In Tunesien lernt er nun, das Naturvorbild in dieser Art von übersetzter Form auf die Bildfläche zu übertragen. In der Farbgebung wird die Atmosphäre einer Landschaft assoziiert, ohne eine realistische Abbildung des Gegenstands wiederzugeben. Schon auf der Reise entstehen Bilder, die die reale Landschaft in farbigen Quadraten aufgehen lassen. Das ist zum Beispiel der Fall in: „Über ein Motiv aus Hammamet", 1914 / 57. Es erscheint angelehnt an die Figuration ein Jahr später in „Föhn, im Marc'schen Garten", 1915 / 102. Aber Klee hat schon zu einem frühen Zeitpunkt, vor Tunesien, angeregt von Kandinsky, farbige Quadrate auf ein Blatt geworfen, die in ihrer Transparenz einander überlappen und so schon die Übergänge andeuten, die er später im Vorkurs in Weimar seinen Schülern vermitteln wird. („Ohne Titel", 1914 / 94).

Neben der Farbe gilt sein Interesse formalen phänomenologischen Studien. Marianne L. Teuber weist nach, dass sich Klee frühzeitig mit Ernst Machs „Analyse der Empfindungen" befasst, wo es um die Grundlagen der Gestalttheorie geht. Dazu kommt ein weiteres Werk von Mach, das das „Verhältnis des Physischen zum Psychischen" (1886) untersucht. Auch kennt Klee wohl die phänomenologischen Studien Friedrich Schumanns, die zu Beginn des 20. Jahrhunderts in intellektuellen Kreisen diskutiert werden. Diese Schriften tragen dazu bei, dass Klee sich mit Form und Gestalt auch theoretisch auseinandersetzt. Von besonderer Bedeutung werden sie im Zuge seiner Lehrtätigkeit am Bauhaus, aber auch für seine eigene Arbeit. Am Bauhaus gilt: „Die Welt muss gestaltet werden."

So entsteht zwischen 1925 und 1927 eine Serie von Bildern, in denen Klee mit Parallellinien experimentiert. In der Zeichnung ein „Garten für Orpheus", 1926, 3 stellt er die mythische Landschaft ausschließlich mit vertikalen, horizontalen und diagonalen Parallellinien dar, die sich optisch zu Flächen zusammenschließen und verschiedene räumliche Ebenen ausbilden. Immer wieder liegt seinen Bildern auch das Schachbrett zu Grunde. Zunächst überwiegt noch der gegenständliche Bezug wie in der „Stadt mit den drei Kuppeln", 1914, 2 und den Tunis-Aquarellen. Ab 1923, also in seiner Bauhauszeit, entstehen reine Quadratbilder, die man häufig treffender als „Rechteckbilder" bezeichnen sollte. Das rhythmische Element spielt in diesen Bildern eine nicht zu unterschätzende Rolle. Man erinnere sich, dass Klee eine außerordentliche musikalische Begabung hat, darin ist er Feininger, Kandinsky und Hölzel verwandt. In dieser Bildserie liegt das Dynamische und Rhythmische in den Farben und Formen. Anregungen dazu bezieht er aus den Aquarellen der Tunisreise von 1914 und den Arbeiten von Robert Delaunay. „Harmonie blau= orange", 1923, 58, und „Mit dem grünen Quadrat", 1919, 69, entstehen parallel zu der Aufgabenstellung am Bauhaus. Sie sind ohne jegliche gegenständliche Anspielung nur noch nach den optischen Prinzipien der Form- und Farbenlehre entstanden. Diesem Gestaltungsprinzip mit aus dem Bildgrund heraustretenden und zurücksinkenden Quadraten, die Will Grohmann, sein Freund und erster Biograph, 1954 als „magische Quadrate" bezeichnet, ist Klee bis in seine späten Berner Jahre treu geblieben.

Der poetisch-fabulöse, märchenhafte Charakter der Bilder Klees, entzieht sich häufig einer einfachen ikonographischen Analyse. Seine nicht weniger poesievollen Bildtitel, wie „Kleine rhythmische Landschaft", 1920, 216 oder „Monument an der Grenze des Fruchtlandes", 1929, 40, benennen das von ihm im Bild sichtbar Gemachte mit sprachlichen Mitteln. Sie stellen in keinem Fall eine Beschreibung des real Betrachteten dar. Klee setzt bildnerische Mittel ebenso wie Sprache ein, um innere Bilder zu erzeugen. Damit entzieht sich das Bild einer allgemein gültigen Interpretation, da es jeder Rezipient, basierend auf seiner Geschichte und seinem Erfahrungsschatz, in seine eigene Wahrnehmung übersetzt.

Paul Klee beginnt in seinen Zeichnungen immer an einem - ganz wörtlich zu nehmenden - Null-Punkt. Denn es ist der Punkt, von dem die Linie ausgeht, die Figur, jede Form. Leonardo da Vinci philosophiert auf einem Blatt in der *British Library* darüber, wie aus einem Punkt, der doch *nulla*, nichts sei, eine vieldeutige Linie wird, wenn die Hand zielsicher den Stift führt.

Das klingt bei Paul Klee so:

„Entwickeln wir, machen wir unter Anlegung eines topographischen Planes eine kleine Reise ins Land der besseren Erkenntnis. Über den toten Punkt hinweggesetzt sei die erste bewegliche Tat (Linie). Nach kurzer Zeit Halt, Atem zu holen. (Unterbrochene oder bei mehrmaligem Halt gegliederte Linie.) Rückblick, wie weit wir schon sind. (Gegenbewegung). Im Geiste den Weg dahin und dorthin erwägen (Linienbündel). Ein Fluss will hindern, wir bedienen uns eines Bootes (Wellenbewegung). Weiter oben wäre eine Brücke gewesen (Bogenreihe).

Drüben treffen wir einen Gleichgesinnten, der auch dahin will, wo größere Erkenntnis zu finden. Zuerst vor Freude einig (Konvergenz), stellen sich allmählich Verschiedenheiten ein (selbständige Führung zweier Linien). Gewisse Erregung beiderseits (Ausdruck, Dynamik und Psyche der Linie).

Wir durchqueren einen ungepflügten Acker (Fläche von Linien durchzogen), dann einen dichten Wald. Er verirrt sich, sucht und beschreibt einmal gar die klassische Bewegung des laufenden Hundes.

Ganz kühl bin ich auch nicht mehr: über neuer Flußgegend liegt Nebel (räumliches Element). Bald wird es indessen wieder klarer.

Korbflechter kehren heim mit ihren Wagen (das Rad). Bei ihnen ein Kind mit den lustigen Locken (die Schraubenbewegung). Später wird es schwül und nächtlich (räumliches Element). Ein Blitz am Horizont (die Zickzacklinie). Über uns zwar noch Sterne (die Punktsaat).

Bald ist unser erstes Quartier erreicht. Vor dem Einschlafen wird manches als Erinnerung wieder auftauchen, denn so eine kleine Reise ist sehr eindrucksvoll. Die verschiedensten Linien. Flecken. Tupfen. Flächen glatt. Flächen getupft, gestrichelt. Wellenbewegung. Gehemmte, gegliederte Bewegung. Gegenbewegung. Geflecht, Gewebe. Gemauertes, Geschupptes. Einstimmigkeit. Mehrstimmigkeit. Sich verlierende, erstarkende Linie (Dynamik).

Das frohe Gleichmaß der ersten Strecke, dann die Hemmungen, die Nerven! Verhaltenes Zittern, Schmeicheln hoffnungsvoller Lüftchen. Vor dem Gewitter der Bremsenüberfall! Die Wut, das Morden. Die gute Sache als Leitfaden, selbst im Dickicht und Dämmerung. Der Blitz mahnte an jede Fieberkurve. Eines kranken Kindes ... damals."

Vom Punkt zur Linie entwickelt sich das Bild. In späten Bildern spielt die Linie eine ganz besonders auffällige dominante Rolle, so zum Beispiel in „Der gefundene Ausweg", 1935 /98. Klee geht den Weg der Reduzierung, der ultimativen Vereinfachung der Figuration, die immer noch eine Geschichte enthält. „Klees Bilder führen ein flüsterndes Selbstgespräch", sagt Roland Doschka. Klee sieht den

Malgrund, die Leinwand, das Papier, als Basis, auf der sich Form und Idee in einem Zwischenbereich von Figur und Abstraktion entwickeln. [4]

Paul Klee und das Bauhaus

Anders als etwa Johannes Itten ist Paul Klee fast ein Autodidakt, besitzt also auch keine Lehrerfahrung. Oskar Schlemmer, der damals Sprecher der Stuttgarter Kunststudenten ist, hat nach dem Ersten Weltkrieg versucht, Klee als Nachfolger von Adolf Hölzel an die Stuttgarter Kunstakademie zu holen, was allerdings nicht geklappt hat. Klee hat zu der Zeit in Avantgarde-Kreisen schon einen guten Ruf. In der Berufung ans Bauhaus sieht er nun einen Anlass, Technik, Stil und Inhalt seiner Kunst eine neue Richtung zu geben. Gleichzeitig bemüht er sich um eine Kunstdidaktik, die für den einführenden Formunterricht geeignet ist.

In seinem Aufsatz „Wege des Naturstudiums" schreibt Klee 1923 über das Verhältnis von Künstler, Gegenstand und Werk: „Sämtliche Wege treffen sich im Auge und führen, von ihrem Treffpunkt aus in Form umgesetzt, zur Synthese von äußerem Sehen und innerem Schauen. Von diesem Treffpunkt aus formen sich manuelle Gebilde, die vom optischen Bild eines Gegenstandes total abweichen und

---

[4] Roland Doschka: ‚Der Lyriker im Paradiesgärtlein – Gedanken zum schöpferischen Prozess im Werk von Paul Klee.' S.17 und 19 In: Paul Klee. Jahre der Meisterschaft 1917 – 1933 (Hrsg. von Roland Doschka (München 2001)

doch, vom Totalitätsstandpunkt aus, ihm nicht widersprechen." Klee unterscheidet hier zwischen dem realen Gegenstand und der Wirkung, die dieser Gegenstand auf den Betrachter ausübt. Nun formt die Hand das innerlich Geschaute, das sich vom gesehenen Gegenstand zwar unterscheidet, aber nicht im Widerspruch zu ihm steht. Es handelt sich also nicht um einen „Abzug" von der Realität, sondern stellt etwas Neues dar, etwas, das über die Realität hinausgeht, also gewissermaßen transzendent ist.

Während unter Itten klassische Werke analysiert werden, benutzt Klee stets eigene Bilder. Seine Lehrtätigkeit wirkt sich umgekehrt auch auf den eigenen Malstil aus. Hat Klee seine Aquarelle bisher rein vom Gefühl her gemalt, so sucht er jetzt „die Tonalität … auf zwei Farben streng aufzubauen … Und die Zeichnung geht streng mit der malerischen Form." Das wird auch im Unterricht geübt. So geht der Schüler vom strahlenden Gelb in deutlich kenntlichen Stufen zum Violett über. Es findet eine „Farbdurchdringung" statt.

Was bei Hölzel ein Teil der „künstlerischen Mittel" ist, heißt in Klees bildnerischer Formlehre: „Umgang mit geometrischen Formen". So werden Kreis und Dreieck und andere Grundformen zueinander auf unterschiedliche Weise in Beziehung gesetzt. Es sind geometrische Bildstrukturen, die den Sinn für die Organisation von Flächen schulen. Änderung durch unterschiedliche Proportion, durch Drehung oder Spiegelung bilden zusammen mit den Erfahrungen aus der Farbenlehre ein weites Arbeitsfeld. Auch Klee geht es um ganzheitliches Gestalten, und er übernimmt gar manches von Itten und Kandinsky, dessen Schrift „Über das Geistige in der Kunst" er, wie gesagt, kennt. So beginnen sie alle mit den Grundformen und den Grundfarben, dem ursprünglichen und eigentlichen Thema des Bauhauses. Klee stellt seine eigene künstlerische Erfahrung in den Mittelpunkt seiner Lehrtätigkeit. „Diese Erfahrung übermittle ich ihnen teils in Synthesen (das heißt, ich lasse sie meine Werke sehn), teils in Analysen (d.h. ich zergliedere die Werke in ihre wesentlichen Teile)." Er distanzierte sich damit „von Ittens Methode einer spontanen Initiation in künstlerisches Schaffen".

Felix Klee hat nicht bei seinem Vater studiert, vermittelt aber einen Eindruck von der Wirkung seines Vaters auf seine Schüler. „Die Vorlesungen meines Vaters habe ich nicht besucht. Es gab einen kleinen Kreis von Studenten, die zu ihm hielten, und die waren auch hell begeistert, weil sie ihn verstanden. Nicht jeder verstand ihn. Erst kamen viele, weil sie neugierig waren, aber dann hat sich einiges weggeschält."

Mit dem Wintersemester 1927 übernimmt Klee auch den Formunterricht für die Weberei. Er unterrichtet für zwei verschiedene Semestergruppen. Eine Übung besteht aus einem großen Quadrat, das in ein Raster aus 36 kleinen Quadraten unterteilt wird, die jetzt zu einem regelmäßigen Muster aus zwei oder mehr Farben gefüllt werden sollen. Auf diese Weise sollen unterschiedliche Farbwirkungen erfahren werden. Vor allem von Gunta Stölzl sind Teppichmuster erhalten, die spontan an Bilder von Paul Klee erinnern, Bilder, die alle im selben Jahr 1929 entstanden sind wie „Monument an der Grenze des Fruchtlandes", 1929, 40, „Monument im Fruchtland", 1929, 41; „Haupt- und Nebenwege", 1929, 90. Diese drei Bilder gehen auf seine Ägyptenreise im Jahr 1927 zurück, die von der Klee-Stiftung finanziert wird. Auf dem Weg vom Tal der Könige zum Hatschepsut-Tempel steht man unvermittelt über dem Talkessel von Deir el Bahari, sieht tief unten die Tempelruinen und folgt mit dem Blick der alten Prozessionsstraße, die vom Fruchtland hinauf zum Heiligtum am Fuß des Berges führt. Doch was hat Klee daraus gemacht? Er blickt aus der Vogelperspektive auf die Felder und Kanäle des Fruchtlands, bis fern am Horizont das Blau des Nils auftaucht. Klee hat dies in bunte Streifen parallel zum Horizont gegliedert, die von einem zentralen Weg vertikal und auch perspektivisch verkürzt durchschnitten werden. Auf diese Weise wird die Distanz deutlich zwischen dem Betrachter / Maler und dem Fluss. Klee ist fasziniert von der Landschaft mit ihren Schichtungen aus Fruchtland und Wüste, den Felswänden, dem Farben- und Lichterspiel. Aus diesen Eindrücken entwickelt er die Streifenbilder der folgenden Jahre. Sie haben, unabhängig vom Ursprung dieses ursprünglichen Motivs, zu Teppichen der Weberei des Bauhauses geführt. Ein Bild dieser Serie, „Vermessene Felder" (1929), ist später von Mies van der Rohe erworben worden. Paul Klee erwirbt seinerseits einen Teppich von Ida Kerkovius und eine Flügeldecke von Otti Berger. Noch ein Jahr später ist er mit diesen Streifenbildern befasst, doch kommen jetzt auch die Quadrate wieder ins Blickfeld wie in: „Farbtafel (auf maiorem Grau)", 1930 / 83 und „Rhythmisches", 1930 /203.

Felix Klee sagt über die Berufung seines Vaters ans Bauhaus: „Trotz vieler Kräfte und Strömungen, die gar nicht in seinem

Sinn waren, fühlte er sich dort sehr zu Hause. Außerdem freute sich mein Vater über diese Berufung, die ohne Bewerbung erfolgte. Schon der erste Sondierungsbesuch im November 1920 war ihm sehr angenehm, weil er dort Leute traf, die er kannte, wie Oskar Schlemmer, Lyonel Feininger und Johannes Itten. [...] Walter Gropius, der Direktor, hatte Schlemmer beauftragt, meinen Vater von der Bahnstation abzuholen, Schlemmer trug seinen besten Anzug, um den kommenden Meister abzuholen, begrüßte ihn, und Klee fragte ihn: „Sagen Sie mal, Herr Schlemmer, wie hoch sind hier die Fleischpreise?"

In Weimar finden die Klees im Haus am Horn 53 im zweiten Stock eine Wohnung, nachdem Paul Klee eine Zeitlang vierzehntägig zwischen München und Weimar hin- und herpendelt. Die Jahre am Bauhaus (1921-1931) sind Klees produktivste Zeit, einerseits weil die Lehrverpflichtung befruchtend auf sein eigenes Arbeiten einwirkt, vielleicht sind aber auch seine Atelierbedingungen dort am besten.

Klee wird in seinen Kursen mit einem sehr einfachen Diktum zitiert: „Gut malen ist einfach folgendes: richtige Farbe an richtigen Ort setzen." Aber er wird auch konkreter. Statt des Farbkreises arbeitet er mit einer Farbkugel, wie sie auch Itten aufgeklappt verwendet. Deren unterer Pol ist schwarz, ihr oberer weiß, der Graubereich liegt in der Mitte ihrer Achse. Die Kugel kann wie eine Orange in Stücke geteilt werden, die alle Regenbogenfarben mitsamt den Zwischentönen umfassen und deren Spektrum von ganz hell (weiß) oben bis ganz dunkel (schwarz) unten reicht. Während der Farbkreis nur eine beschränkte Auswahl von Farbintensitäten ermöglicht, bietet die Farbkugel mit ihren

Stufungen von Hell bis Dunkel eine Vielzahl davon. Klee wendet diese Farben in seinen sogenannten „magischen Quadraten" an, die er 1921 beginnt und bis zum Ende seines Lebens malt. Die Wurzeln gehen zurück auf die Zeit vor seiner Tunesienreise, die aber den entscheidenden Durchbruch darstellt.

Farbige Quadrate finden sich in vielen Bildern:

Paul Klee: „Herbstlicher Ort", 1921 / 104: Ein Bild ausgehend von zwei Tönen, dem dunklen Braun des herbstlichen Abends und der gelb-orangen Geborgenheit der Häuser, während ein Block Tiefe suggeriert und perspektivisch zur größten Helligkeit des Bildes führt. Ansonsten gehört das Bild der geometrisch strukturierten Fläche. Ein Druck dieses Bildes hing viele Jahre in unserem Wohnzimmer.

Paul Klee: „Gestirne über dem Tempel", 1922 / 58: Auch hier arbeitet Klee mit Farbstufungen, doch benutzt er wieder nicht die am Bauhaus und in der *„De-Stijl"*-Bewegung so beliebten Grundfarben, sondern sekundäre Farbwerte, hier sind es Grün und Orange.

Paul Klee, „Statisch –dynamische Steigerung, 1923 /67: In diesem Bild ersinnt Klee eine systematische Bewegung, indem er von dunkeltonig bräunlichen, den sogenannten statischen Quadraten, zu den hellfarbigen fortschreitet, die Klee aufgrund der Kontraste, die sie bieten, „dynamisch" nennt.

Paul Klee: „Harmonie blau=orange, 1923, 56: Ein großes grün gerahmtes Rechteck ausgefüllt mit lauter Recht-ecken. Aus dem Dunkel von Schwarz und Braun und ein-gedunkelten Mischfarben leuchten nur wenige Rechtecke hervor: Übergänge der Farben inmitten verwandter Klänge.

Paul Klee, „nördlicher Ort, 1923, 173: Von grünen Randstreifen eingerahmt ein fröhlicher Ort aus bunten Quadraten, aus denen Rot hervorsticht, eingebettet von viel unterschiedlichem Grün; aber auch Blau, Braun und Grau und kleine schwarze quadratische Akzente strukturieren das Blatt; etwas aus der Mitte gerückt eine Kombination von drei Dreiecken.

Paul Klee, „wie ein Glasfenster", 1924, 290: Kleine farbige Quadrate wie Mosaiksteine, die den Glasstücken entsprechen, aus denen Kirchenfenster gemacht sind. Der Grund ist dunkel, blau, braun, grau, schwarz, daraus leuchten helle Farben, Rot, Grün, Gelb und Orange hervor, rhythmisch über das Blatt verteilt. Hier hat Klee schon Vorarbeit geleistet für Gerhard Richters computererzeugtes Glasfenster im Kölner Dom.

Paul Klee, „Alter Klang", 1925 / 236 unterscheidet sich in seinem Grundklang, ist dunkler, verhaltener, tiefer.

Das intensive Zusammenspiel von Lehre und Werk führt Klee am Bauhaus zu diesen strengeren geometrischen Arbeiten. Seine „Schichtaquarelle" zeichnen sich aus durch große Transparenz kombiniert mit halbtransparenten geometrischen Formen. Er legt Streifen oder Rechtecke übereinander. In der Abfolge von Klängen zwischen Orange und Blau spielt er mit Erwärmung und Abkühlung und überträgt Kompositionsprinzipien mehrstimmiger Musik. Doch folgen seine eigenen Bilder keinem Schema. Eine starre Systematik wird stets vermieden. Die Bilder folgen einem immanenten Impuls. Durch ein Zerschneiden von Bildern und ein Neukombinieren schafft er neue Zusammenhänge. So zerschneidet er etwa geometrisch gearbeitete Teile so, dass er einen mehr figurativen Teil mit den durchschnittenen Teilen rahmt. In „nördlicher Ort", 1923, 140 zerschneidet er das Bild in drei Teile und tauscht die beiden ursprünglich äußeren und schmaleren Teile aus. In diesem Fall belässt er einen Freiraum zwischen den Teilen, die nun einem Triptychon ähnlich sind. Er schafft dadurch eine im Ursprungsbild nicht so vorhandene Spannung.

Klee und das Quadrat

Für das Bauhaus zentral ist das Quadrat. Doch kontrastieren Klees „magische Quadratbilder" mit den Formaten der *De Stil*-Bewegung von Theo van Doesburg, die den rechten Winkel und eine begrenzte Farbgebung durch die Primärfarben und Weiß, Schwarz und Grau vorschreiben. Dagegen behält Klees „Blühender Baum" die konkrete Farbigkeit in den Quadraten. Es sind vibrierende Farbfelder, die Klees Werke als lebendige Organismen erscheinen lassen.

Klee kombiniert in späteren Jahren die Quadratstruktur etwa mit Linien, die er in einem weiteren Schritt zu chiffrierten Zeichen verkürzt, die sich an die Grundstruktur anlehnen wie in „Zeichen in Gelb", 1937 / 210. In einem weiteren Schritt variiert Klee die Basis, indem er unregelmäßige geometrische Formen mit linearen Zeichen kombiniert und so ein stark rhythmisiertes, spannungsreiches Bild schafft, das er mit „Blaue Nacht", 1937 / 208, untertitelt und somit eine reale Situation andeutet. Klee bindet auch reduziert Gegenständliches in eine Fläche aus farbigen Quadraten ein. Ähnlich strukturiert, in helleren pastellfarbenen Tönen erscheint „Landschaft gegen den Hades", 1937 / 209. Mit figurativen Zeichen auf einer quadratischen Struktur erzählt er die „Legende vom Nil", 1937 /215. Von nun an lockert sich mehr und mehr das zugrundeliegende Raster. Klee arrangiert freier. Er hat sich von der im Lehrbetrieb des Bauhauses notwendigen Strukturierung entfernt, gelöst, sich von der „Regel" befreit. In „Vorhaben", 1938 /126 teilt er das Bild in zwei Hälften, etwa im *Goldenen Schnitt*, den Adolf Hölzel favorisiert.

Vorhaben, 1938 / 126

Der Mensch im *goldenen Schnitt*
zwischen olivgrüner Vergangenheit
die durch scharfe Konturen begrenzt
sich der figurativen Metapher bedient.
Nur der Baum, das Bleibende
dringt ans Ohr. Was gewesen
hat verkürzt und chiffriert
Gestalt angenommen.
Nach vorn aber erscheint die Welt
offen, vage und ungewiss.
Doch werden die Vor-Zeichen
in komplementärem roten Ton
mutig angegangen.
Allein das eine blaue Auge
kennzeichnet den Augenblick
zwischen dem, was war
und was werden könnte.

Die Geschichten, die Klee nun erzählt, bestehen aus wenigen Linien und sind doch an der Figuration orientiert. Der „Zerbrochene Schlüssel", 1938 / 136 lässt den Betrachter spontan die Situation erkennen, die der zerbrochene Schlüssel in dem Kind (wenn es denn ein Kind ist) auslöst. Eine „brennende" Schranke hat sich zwischen dem Menschen und dem Schlüssel aufgetan. Der Zugang zum bergenden Haus ist versperrt.

Das Quadrat – ein Vergleich:

Johannes Itten, „Vier Jahreszeiten", 1963

Paul Klee, Abstraktion mit Bezug auf einen blühenden Baum", 1925 / 119

In seinem Bild unterteilt Johannes Itten ein großes Quadrat in farbige Quadrate, die den vier Jahreszeiten angepasst sind. Pixelartige Rasterbilder aus jeweils 9 mal 9 Rechtecken greifen die unterschiedlichen Farben der Natur im Jahresverlauf auf und erweitern sie mit harmonisierenden Tönen. Das Bild entsteht erst 1963 und zeigt doch noch ein Echo auf die Zeit am Bauhaus. Im Gegensatz zu Itten malt Klee die Quadrate seines Bildes freihändig, nicht mit dem Lineal gezogen wie Itten und so sind sie denn auch von einer gewissen Unregelmäßigkeit. Sie sind verschieden groß, wachsen in- und auseinander, erscheinen verfugt, auch wenn sie klar umrissen bleiben. Auch heben sich, etwas aus dem Zentrum gerückt, die helleren Farben, die ein Blühen ausdrücken, von den dunkleren ihrer Umgebung ab, so dass eine Anmutung von realer Natur spürbar wird, auch von einer räumlichen Tiefe.

Gegen Ende des 20. Jahrhunderts nimmt der Maler Andreas Felger wohl Bezug auf die am Bauhaus vermittelte Lehre, indem er in ganz ähnlicher Weise wie Klee in seinem „Maibild", 1925 / 120 Frühlingsfarben aus ihrer Umgebung isoliert und in Quadraten verfugt. Felger setzt dieses quadratisch orthogonale Raster (ebenfalls ohne Lineal und Schablone) in eine deutlich erkennbare Landschaft.

Paul Klee und der Kreis

Weniger auffällig auf den ersten Blick ist bei Klee der Kreis, der schon 1919 als „Vollmond" auftaucht. Dort wuchern lila, gelbgrüne und pinke Häuserkaros im Schein der Mondkugel: „Herbstlicher Ort", 1921 / 104: Auch hier ganz oben im Bild die runde Scheibe des Mondes, interessanterweise mit ihrem Schatten. In „Gestirne über dem Tempel", 1922 / 58 kann die runde Scheibe schon vom Titel her erahnt werden. Ganz zentral im Bild ist der helle Mond in „Mondaufgang", 1925 /114. Für Klee wird der volle Mond zu einer Art Leitstern der eigenen Schaffenskraft, zu einem Symbol der Hoffnung. Leopold Zahn sieht in ihm ein Markenzeichen von Klees Werk, das er als „kosmisches Bilderbuch" beschreibt. Der Mond und die vertikale Orientierung „Nach oben", wie ein Bild aus dem Jahr 1939 heißt, bleiben Zeichen der Sehnsucht nach Transzendenz und künstlerischer Vollendung.

Immer wieder erscheint die kleine Kreisform im Zusammenhang mit Landschaftselementen. 1918 ist es die Sonne, die rot mit schwarzem Schatten genau die Mitte des Bildes einnimmt. Überhaupt scheinen Punkte und Kreise in kosmischen Bezügen an den Ursprung der Welt zu rühren. Die Bäume, die das Bild „kleine rhythmische Landschaft", 1920, 216 strukturieren, gleichen musikalischen Notationen. Diese Bäume stehen in frei modulierten Feldformen und sind der Natur eher als der geometrischen Form verpflichtet. Im „Rosengarten", 1920 / 44, sind die Farbfelder noch stärker geometrisch gestaltet und erzeugen eine geradezu perspektivische Tiefe.

Klees Werk lässt sich nicht auf einen Bauhaus-Nenner bringen, auch wenn er aus der Verpflichtung der Lehre für sein eigenes Schaffen profitiert.

Schon 1923 ist am Bauhaus eine verstärkte Ausrichtung auf Technik und Industrie zu beobachten. Es kommt zu einer Verdrängung expressionistischer Tendenzen der Anfangsjahre. An die Stelle von Pinsel und Staffelei sollen nun Lineal und Schablone treten, an die Stelle des Künstlers der Konstrukteur. Die Künstler am Bauhaus, Klee, Kandinsky und Feininger verhalten sich kritisch gegenüber dieser Entwicklung.

Am 1. Juli 1931 tritt Paul Klee eine Professur für Malerei an der Kunstakademie in Düsseldorf an. Er pendelt nun zwischen Dessau und Düsseldorf im vierzehntägigen Abstand, ähnlich wie er es damals für ein halbes Jahr zwischen München und Weimar getan hat: „In Dessau malte er weiter diese etwas konstruktiven Bilder, und in Düsseldorf fingen die pointillistischen Bilder an. Bei seiner Rückkehr stürzte er sich immer ganz freudig auf die Bilder, die er vierzehn Tage vorher liegengelassen hatte." So sein Sohn Felix. An seiner neuen Arbeitsstätte, der Kunstakademie in Düsseldorf, entstehen tatsächlich eine Reihe von Werken, deren Bildflächen er mit unzähligen kleinen Farbflecken bedeckt. Er selbst bezeichnet die Bilder dieser Serie als „divisionistisch", um sich vom Neoimpressionismus abzugrenzen. Klee hat weniger die optische Mischung von Farbpunkten im Auge des Betrachters im Sinn, als dass er einen „farbigen Lichtraum" (Will Grohmann) schaffen will.

Nachdem Hitler 1933 Reichskanzler geworden ist, wird Klees Haus in Dessau, das er immer noch bewohnt, in seiner Abwesenheit von Nationalsozialisten durchsucht. Im April wird er mit sofortiger Wirkung von seiner Professur in Düsseldorf „beurlaubt". Klees Werke gelten nun als „entartet". Ende des Jahres entschließt er sich, mit seiner Frau Lily in die Schweiz zu emigrieren.

Felix Klee über die letzten Jahre seines Vaters: „Im Jahr 1935 hatte er eine Masernerkrankung. Dann kam die Sklerodermie, deren Herkunft unbekannt und die unheilbar ist. Diese Krankheit hat immer neue Symptome. Viele haben gelähmte Hände. Das passierte bei meinem Vater nicht, sonst hätte er nicht mehr malen oder zeichnen können. [...] Er hat abgenommen [konnte nicht mehr essen], die Haut hat sich gespannt, und sein Aussehen hat sich verändert. [...] Obwohl er sich äußerlich verändert hatte, war er immer von einer gleichmäßigen Heiterkeit. [...] Plötzlich kam dann 1937-1940 das unglaubliche Schlusswerk, mit einer Vielzahl von Werken in einer vollkommen neuen Stilart, dass man sich fragt, wie das möglich ist. Mehr als 1200 Werke allein im Jahr 1939! Linien verwandelten sich in balkenartige Striche, und die Farben wurden voller und kräftiger. Alles das gab es in seinem Werk vorher nicht. Das Spätwerk ist wohl nicht das zugänglichste, aber in meinen Augen ist es das bedeutendste."

Felix Klee erwähnt es nicht, aber Kia Vahland schreibt in einem Artikel der Süddeutschen Zeitung, dass Kandinsky Klee 1937 ein letztes Mal in Bern besucht habe. Sie meint zu wissen, dass Kandinsky Klee „aus der dunklen Höhle" gerissen habe, in die der Schwerkranke sich zurückgezogen habe, und nun bei Klee einen Schaffensrausch ausgelöst habe. Wie dem auch sei, in seiner letzten Lebensphase schuf der Maler ein unglaublich umfangreiches Werk. Er benutzt Bleistift, Kreide, Öl- und Kleisterfarbe, um stille und reduzierte Zeichnungen zu schaffen. In diesen Blättern, zu denen auch die Engel gehören, setzt der Maler sich mit dem eigenen Tod auseinander und erreicht damit eine Authentizität, die einen Höhe- und Endpunkt in seinem Werk darstellt. „Die Ölpause ‚Will verwelken', (1939,1179) gehört zu den schönsten und aussagekräftigsten der melancholischen Bilder dieser Phase. In wenigen schwungvollen Linien verschmilzt Klee ein menschliches Antlitz – wohl ein Selbstporträt – mit der Form einer Tulpenblüte. Das „Verwelken" im Titel verweist poetisch auf das imminente Ende der Lebenszeit, während das ‚will' ein gefasstes und bejahendes Wissen um das Bevorstehende widerspiegelt. Der Künstler stellte sich so als kleinen Teil eines großen Universums zyklischen Werdens und Vergehens dar." (Christina Thomson)

Ausgerechnet sein letztes Schaffensjahr ist mit 1 253 Werken sein produktivstes. Am 29. Juni 1940 stirbt Paul Klee. Sein Einbürgerungsantrag sollte am 5. Juli bewilligt werden.

Literatur / Ausstellungskataloge:

Paul Klee. Edited by Carolyn Lanchner. The Museum of Modern Art (New York 1987)

Paul Klee: Sammlung Bergruen / Sabine Rewald. (Hrsg. Götz Adriani) Kunsthalle Tübingen (München 1988) Hier insbesondere: Sabine Rewald: „Ein Gespräch mit Felix Klee" S.19-48.

Paul Klee. Jahre der Meisterschaft 1917 – 1933 (Hrsg. von Roland Doschka (München 2001) – insbesondere: Victoria Salley: ‚Jahre der Meisterschaft'; Roland Doschka: ‚Der Lyriker im Paradiesgärtlein – Gedanken zum schöpferischen Prozess im Werk von Paul Klee.'

Ausstellungskatalog: Paul Klee (2001)

Paul Klee im Rheinland. Gemälde, Aquarelle, Gouachen. (Köln 2003)

Das Universum Paul Klee, Hrsg. Dieter Scholz und Christina Thornson (Ostfildern 2008)

Paul Klee. Konstruktion eines Geheimnisses. Pinakothek der Moderne. München 2018

Kia Vahland, „Quadratur der Freundschaft." in: SZ 21.10.15

Ingeborg Bauer, Spiegel innerer Räume – Lyrik zu Bildern von Paul Klee (Norderstedt 2012)

Wassily Kandinsky (1866 – 1944)

Kandinskys frühes Werk

Kandinskys frühes Werk war folkloristisch, Volkskunst, Sagen und Märchen verpflichtet, ohne sie jedoch konkret abzubilden. Die Gattungen der Volksmythologie sind eng mit linguistischen Strukturen der indoeuropäischen Sprachen verknüpft. Kandinsky hat sich ernsthaft mit Ethnographie befasst, was ihn über die Sprache zur Spiritualität führt, letzteres eine spezifisch russische Thematik.

In „Sonntag (Altrussisch)" (1904), in „Das bunte Leben" (1907), und in „Reitendes Paar" (1906/07) etwa weist der Pinselduktus auch zu der Zeit schon expressionistische Züge auf, löst Flächen in Tupfen auf, kennt Umrisslinien. Es dominiert ein schwarzer Hintergrund, die Nacht, was auch vom Holzschnitt unterstützt wird. Mit der Linienführung will Kandinsky, ähnlich wie mit den Farbtupfen der Temperabilder, das Musikalische von Russland zum Ausdruck bringen. Der Klang soll zum Inhalt führen. Synästhesie ist von Anfang an ein Thema. Die aufgelöste, kleinteilige Farbigkeit lässt die Darstellungen bewegt erscheinen, was im Kontrast steht zu späteren Phasen von Kandinskys Schaffen. In seiner Abhandlung „Über das Geistige in der Kunst" erklärt Kandinsky, was seinen (späteren) Kompositionen zugrunde liegt: „[…] wenn man das Gegenständliche entfernt und dadurch das Kompositionelle entschleiert [freilegt], so kommt eine Komposition zum Vorschein, die aus dem Gefühle der Ruhe […] gebaut ist […]: Gleichgewicht und gleichmäßige Verteilung der einzelnen Teile ist die Stimmgabel und die geistige Basis solcher Konstruktionen."

Synästhesie bedeutet bei Kandinsky in erster Linie ein Zusammensehen von Farben und Klängen. Es gibt Menschen, für die Farben und Zeichen stets in Kombination auftreten, so dass Buchstaben jeweils in einer ganz bestimmten Farbe erscheinen. Auch Gerüche und Klänge können so miteinander verbunden sein. [5]

Die Farbe jenseits bloßer Abbildungsfunktion tritt allmählich in den Vordergrund. Farben und Formen werden zum Ausdrucksmittel innerer Werte und seelischer Zustände, wobei eine Analogie zur Musik im Sinne einer Synästhesie für ihn wesentlich ist: „[Ich] strich mit dem Spachtel farbige Streifen und Flecken auf die Leinwand und ließ sie so stark singen, wie ich nur konnte." In der Murnauer Zeit trifft er auf die bayrische Hinterglasmalerei, die die Konturen seiner Bilder verstärkt. 1908 weisen Kandinskys Figuren immer stärker vereinfachte und diffusere Konturen auf. Figurationen werden schwebend, fluid, lösen sich auf.

Bildtitel sind bei Kandinsky von großer Bedeutung, sie geben den möglichen Konnotationen eine bestimmende Richtung. So haben seine frühen folkloristischen Bilder eine semantische, sprachliche Bedeutung, die mit der visuellen verbunden bleibt.

---

[5] Diese Synästhesie beschreibt Ferdinand von Schirach sehr überzeugend in seinem biographisch durchwirkten Buch „Kaffee und Zigaretten".

Literatur:

Ausstellungskatalog: „Der frühe Kandinsky" (Kunsthalle Tübingen
(3.12. 1994 – 20.2. 1995) Hsg: Magdalena M. Moeller (München
1994)
Hajo Düchting: "Wassily Kandinsky (1866-1944) - A Revolution in
Painting"(Köln 1993)

Kandinskys Entwicklung hin zur Abstraktion

Der Naturalismus ist für Kandinsky Fixierung auf das
„Äußere", die Abstraktion ist Fixierung auf das „Innere", das
er das „Geistige" nennt. Der Symbolismus um 1900 trägt
schon den Antimaterialismus in sich, da er über die reine
Abbildung hinaus etwas Geistiges darstellen will. Doch gibt
er dem Gegenstand eine über ihn hinauswachsende
Bedeutung. Esoterische Strömungen sind um die Jahrhundertwende in Intellektuellenkreisen im Schwange. Man
versucht mit dem Spirituellen das Religiöse für die Kunst
zurückzugewinnen.

Kandinsky macht sich in der ersten Dekade des 20. Jahrhunderts frei von Naturfarben. Er vereinfacht zum Beispiel
landschaftliche Motive und benutzt später die einmal
formulierten Motive als Versatzstücke. Ein Beispiel dafür ist
„Murnau mit Kirche" (1910): Aus reduzierter Form von
Kirchturm, Haus, Zaun und Blumenbeet schafft er ein Spiel
komplementärer Farben, gemischt mit Hell-Dunkel-Kontras-
ten. Der Kirchturm wird ihn als Kürzel noch begleiten.

Kandinsky setzt sich mit der Theosophie der Russin Helena
Petrovna Blavatsky, dann mit der Anthroposophie Rudolf

Steiners auseinander, dessen Schriften er studiert und dessen persönliche Bekanntschaft er macht. Nach Steiner wird die Erkenntnis in vier Stufen erreicht: Am Anfang steht die alltägliche sinnliche Wahrnehmung, darauf folgen drei höhere Erkenntnisstufen: Imagination, Inspiration und Intuition. „Schon auf der imaginativen Stufe ist alles entmaterialisiert, Farben und Töne schweben frei im Raum. [Von der Synästhesie und ihrer Bedeutung für Kandinsky war schon die Rede.] Auf der Stufe der Inspiration gibt es auch keine Bilder mehr, lediglich das Gefühl, dass das eigene Ich Bestandteil der Weltkräfte geworden ist." Die höchste Stufe der Intuition hat auch die letzten materiellen Reste abgelegt, so dass die geistige Welt zum alleinigen Inhalt wird. Die drei Stufen der Erkenntnis haben ihre Entsprechung in Kandinskys Unterscheidung seiner großen Abstraktionen: Impressionen, Improvisationen und Kompositionen. In den „Impressionen" ist der direkte Einfluss der äußeren Natur noch konstituierend. „Impression III" (1911) malt Kandinsky nach einem Konzert von Arnold Schönberg. Er bezeichnet das Bild als direkten Eindruck der „äußeren Natur", die hier Musik ist. Beherrschend ist der „gelbe Klang", der den musikalischen Klang wiedergibt. Das lichte Gelb wird gedämpft von Schwarz, gehöht von Weiß. Er schreibt zu diesem Bild: „Ich habe 1910 eine „Romantische Landschaft" gemalt, die mit der früheren Romantik nichts zu tun hatte [...]. Die kommende Romantik ist tatsächlich tief, inhaltsvoll, sie ist ein Stück Eis, in dem eine Flamme brennt. Wenn die Menschen nur das Eis spüren und die Flamme nicht, desto schlimmer für sie." In den „Improvisationen" ist es die „innere Natur". In den „Kompositionen" spielt die Vernunft, das Bewusste, das Absichtliche eine überwiegende Rolle, dennoch bleibt das Gefühl bestimmend. Wie Beethoven oder Mahler ihre Sinfonien mit Zahlen von I bis X beziffern, so schafft Kandinsky zehn „Kompositionen". In „Komposition VIII" (1923) benutzt er ausschließlich geometrische Formen, die in gewisser Weise an die Diagonalstrukturen eines van Doesburg anknüpfen und an die Experimente der russischen Avantgarde. Die vielfältigen Formen, darunter ein beherrschender Kreis aus Rottönen und Schwarz setzt er um in einer völlig eigenen Handschrift. Der helle, farblich getönte Grund nimmt der stärkeren Farbigkeit der einzelnen Formen nichts von ihrer Wirkung. Seine letzte Komposition, „Komposition X" entsteht 1939. Das Bild basiert auf Schwarz, das die Wirkung aller anderen Farben verstärkt. Geometrische Formen herrschen nun vor, aber nicht mit Ausschließlichkeit. Auch hier gibt es einen Kreis, die Figur, die für Hölzel und Klee von herausragender Bedeutung ist. Wie Sonne und Mond verweisen sie auf eine Transzendenz, auf den Kosmos.

Obwohl spirituelle Strömungen eine nicht zu unterschätzende Rolle spielen, bleibt Kandinsky eigenständig. Er tritt keiner der verschiedenen theosophischen Gemeinschaften bei, weder der Theosophie der Russin Helena Petrovna Blavatsky, noch Rudolf Steiners Anthroposophie. Man darf nicht vergessen, dass um die Jahrhundertwende solche Strömungen ungeheuer weit verbreitet waren, man denke nur an die Entwicklung von Piet Mondrian. Aber auch Franz Kafka in Prag traf mit Rudolf Steiner persönlich zusammen, was aber keine Auswirkungen hatte.

Kandinsky bleibt seiner Ikonographie treu. Er verwendet seine einmal formulierten Motive wie Versatzstücke, die auch in seine abstrakten Bilder in reduzierter Form eingehen. So der Kirchturm in einem weitestgehend abstrakten Bild von 1910: „Die Kirche in Murnau", von dem schon die Rede war. Zunächst nehmen diese Bilder eine in Murnau gewonnene Farbigkeit auf. In Murnau bewohnt er mit Gabriele Münter ab 1909 das sogenannte „Russenhaus". Die starken Farben verweisen auf das Werk der Fauves, der Nabis. Ihren Bildern ist er in Paris begegnet. Durch das Zurücktreten des Figurativen löst sich die Farbe fast von selbst vom Gegenstand und wird weitgehend autonom. Die Farbigkeit der Murnauer Zeit (etwa in „Araber I" mit dem Untertitel: Friedhof") wird teilweise beibehalten, doch wird sie nun der Analyse unterworfen. Kandinsky hat sich mit den Stilmitteln des Fauvismus vertraut gemacht, sie gesteigert und mit der Tupfentechnik seiner folkloristischen Phase verbunden.

 Neben dem Berg ist vor allem der Reiter wichtig, der 1912 programmatisch für die Bewegung des *Blauen Reiters* wird. 1903 wird das Motiv gemäßigt expressionistisch in Naturfarben in einen ganz bestimmten Landschaftskontext gesetzt: Ein blau gewandeter Reiter auf einem Schimmel reitet von rechts nach links, rückwärtsgewandt, durch das Bild. In „Improvisation III (1909) ist der Reiter, der sich jetzt von links nach rechts bewegt, nach vorwärts orientiert, zentral eingefügt. 1909 entsteht das in rätselhaftes Dunkel gehüllte „Bild mit Bogenschützen", das nur noch wenige reale Motive aufweist und theosophische Anklänge erkennen lässt. In „Lyrisches" von 1911 entstehen Pferd und Reiter in genialer Wiese mittels weniger Linien und farbiger

Formen, wobei das Landschaftliche völlig zurücktritt. Immer wieder taucht der russische Nationalheilige Georg als Drachenkämpfer auf. In Übereinstimmung mit dem Kämpferischen der Thematik weist Kandinskys ungegenständliche Malerei durch die Dynamik von Farbe und Form auf eine Analogie zum kosmischen Schöpfungsprozess hin: „Das Malen ist ein donnernder Zusammenprall verschiedener Welten, die in und aus dem Kampf miteinander die neue Welt zu schaffen bestimmt sind, die das Werk heißt. Jedes Werk entsteht technisch so, wie der Kosmos entstand – durch Katastrophen, die aus dem chaotischen Gebrüll der Instrumente zum Schluss eine Symphonie bilden, die Sphärenmusik heißt."

Die geometrisierende Zeichnung, wie sie in den späten Murnau-Landschaften von 1909 auftaucht, wird von der dominierenden Farbe zurückgedrängt. Eine Reiterdarstellung aus demselben Jahr (1909) lässt baumartige Gebilde aus den Figuren herauswachsen, bzw. runde Formelemente über den Figuren schweben, die sich eindeutig auf die theosophische Lehre beziehen

1910 wird die Zeichnung wieder wichtiger. Vielleicht ist es der Einfluss der Hinterglasbilder, die die Umrisslinien in „Komposition II" wieder hervorheben. Ähnlich wie bei Adolf Hölzel haben hier die Konturen eine strukturierende Wirkung. Sie bilden ein Farb- und Formkontinuum, in dem alles mit allem zusammenhängt. Die bildimmanente Realität steht im Vordergrund. Noch soll das Bild verwurzelt sein im Einfachen, im Elementaren. Bald jedoch wird das figurative Element zugunsten von Form und Farbe zurücktreten. Die

Linie wird zur Chiffre, die Abstraktion wird zum Wesentlichen. Reale Reste lösen sich auf. Eine neue Schaffensphase beginnt.

Bis 1914 steigert Kandinsky durch immer differenziertere Farb- und Formelemente die organische und dynamische Wirkung seiner abstrakten Bildwelten. Auch die Darstellung der Bewegungsmotive (zum Beispiel spitze Dreiecke) intensiviert sich immer weiter.

Wassily Kandinsky und Kasimir Malewitsch

Nach Ausbruch des Ersten Weltkriegs muss Kandinsky Deutschland verlassen. In Moskau trifft er auf Malewitsch und russische Strömungen wie den Konstruktivismus, mit denen er sich jetzt auseinandersetzt, was zu einer Vereinfachung seiner Bildwelten führt. Im Gegensatz zu den russischen Konstruktivisten und auch zu späteren Kollegen am Bauhaus reduziert Kandinsky aber seine Formensprache nicht fundamental. Es lässt sich wohl nicht endgültig feststellen, wer wen mehr beeinflusst hat, Kandinsky Malewitsch oder umgekehrt.

Malewitsch versucht 1922, am Bauhaus unterzukommen. Das klappt nicht, und so wird seine Theorie, die er „Suprematismus" nennt, nur unzureichend bekannt. Die Forschung beschäftigt sich erst in den späten 1960er Jahren damit. Kandinsky stellt die kubofuturistischen Arbeiten des jungen Kollegen in München aus und tauscht mit ihm Bilder. Jelena Hahl-Fontaine stellt zur Diskussion, ob Malewitsch Kandinskys Schrift „Über das Geistige in der Kunst" doch mehr verdanke, als er zugeben wolle. Jedenfalls soll Malewitsch den Kollegen gebeten haben, ihm das Buch ins Russische zu übersetzen, da er kein Deutsch könne. Zu der Zeit malt Malewitsch noch expressionistische oder kubistisch inspirierte russische Bauern. Nach der Lektüre von Kandinskys Schrift entdeckt er aber rasch seinen „Suprematismus". Das Buch dient also Malewitsch wohl als Basis. Kandinsky hat schon 1910 darauf hingewiesen, dass er das eigenständige Leben geometrischer Formen wie Quadrat, Kreis und Dreieck beschrieben habe, also genau das, was der „Suprematismus" zeigt. Allerdings muss man wohl Malewitsch zugutehalten, dass ihn die Spiritualität der orthodoxen Ikonenmalerei mehr oder weniger bewusst begleitet. Insofern besteht auch eine Parallele zu Alexej von Jawlensky. [6]

Im Dezember 1921 verlässt Kandinsky Russland, nachdem er sich stark mit organisatorischen Aufgaben in Moskau beschäftigt hat. In Berlin trifft er Walter Gropius, was zur Folge hat, dass Kandinsky im Juni 1922 nach Weimar zieht, um eine Lehrtätigkeit am Bauhaus aufzunehmen. Er ist zuständig für den Vorkurs „Formenlehre" und leitet die Werkstatt für Wandmalerei. Im Juni 1925 zieht er mit dem Bauhaus nach Dessau. 1926 erscheint seine zweite kunsttheoretische Schrift „Punkt und Linie zu Fläche". Die Kandinskys bewohnen zusammen mit der Familie Klee eines der Meisterhäuser in Dessau. Jetzt übernimmt er den Kurs für freie Malerei, der nicht verpflichtend ist. Seine Kontakte

---

[6] Malewitsch und das *schwarze Quadrat* unter „Vorläufer des Bauhauses"

nach Russland sind abgebrochen, und so wird er deutscher Staatsbürger. 1932 zieht Kandinsky mit dem Bauhaus nach Berlin. Nach der Machtergreifung der Nationalsozialisten kehrt Kandinsky nach einem Aufenthalt in Frankreich nicht mehr nach Deutschland zurück. In Paris fasst er rasch Fuß. Unter seinen neuen Freunden sind Joan Miró, Piet Mondrian, Robert und Sonia Delaunay. In Deutschland gelten seine Bilder als „entartet", daraufhin wird er 1939 französischer Staatsbürger. 1944 stirbt er an einem Gehirnschlag.

Wassily Kandinsky:
Über das Geistige in der Kunst

Kandinskys erste Schrift „*Über das Geistige in der Kunst*" (1912) hat Vorläufer, Texte, die zur Erstauflage führen, und auch danach gibt es Umarbeitungen, treten Unterschiede auf zwischen der deutschen (ursprünglichen) Ausgabe und der russischen. Schon 1904 entstehen Handschriften mit dem Titel „Farbenpracht" und „Definieren der Farben", und „Farbcomposition" [sic!], was beweist, dass er den Farben, ihrer Eigenständigkeit und ihren Zusammenstellungen schon damals eine zentrale Rolle zuschreibt.

Die Wirkung der Farbe

Kandinsky beginnt mit der *physischen* Wirkung der Farbe. Er sieht eine Entzauberung der Welt durch Gewöhnung am Beispiel der Flamme und ihrer Eigenschaften. Doch bei einer höheren Entwicklung des Menschen „bekommen die

Gegenstände und Wesen [wieder] inneren Wert und schließlich *inneren Klang*. Ebenso ist es mit der Farbe." Wir werden stärker von den helleren Farben angezogen, insbesondere von den wärmeren, z.B. vom Zinnoberrot der Flamme. „Das grelle Zitronengelb [tue] dem Auge nach längerer Zeit weh, wie dem Ohr eine hochklingende Trompete. Das Auge wird unruhig, hält den Anblick nicht lange aus und sucht Vertiefung und Ruhe in Blau oder Grün."

Er kommt nun auf die *psychische* Wirkung der Farbe zu sprechen. Die psychische Kraft der Farbe löse eine Vibration aus, die über die Physis die Seele erreiche. Er spricht nun von Synästhesie, davon dass Farbe mit allen anderen Sinnen verbunden sei. „Manche Farben können unglatt, stechend aussehen, wogegen andere wieder als etwas Glattes, Samtartiges empfunden werden, so dass man sie gern streicheln möchte (Ultramarinblau dunkel, Chromoxydgrün, Krapplack). Selbst der Unterschied zwischen Kalt und Warm des Farbtones beruht auf dieser Empfindung. Es gibt ebenso Farben, die weich erscheinen (Krapplack) oder andere, die stets als harte vorkommen (Kobaltgrün, Grünblauoxyd)." Den Farben Duft zuzusprechen sei allgemein gebräuchlich." Auch könne man die Farben hören.

Formen- und Farbensprache

Kandinsky spricht in diesem Kapitel von der tiefen Verwandtschaft zwischen den Künsten überhaupt, insbesondere zwischen Musik und Malerei. In der Musik ist die Abstraktion verwirklicht, sie stellt keine Gegenstände dar. Er geht von einem Zitat von Goethe aus, der vom Generalbass der Malerei spricht. Es geht jetzt um Komposition. Zwei Mittel stehen zur Verfügung: die Farbe und die Form. Die Form kann allein für sich stehen. Sie kann Darstellung eines Gegenstandes (eines realen oder nicht realen) oder rein abstrakte Abgrenzung eines Raumes, einer Fläche sein. Die Farbe dagegen lässt sich allein in der Vorstellung grenzenlos ausdehnen. Die Farbe Rot zum Beispiel, die man sich nur denkt, habe einen rein inneren, psychischen Klang. Wird Rot als Farbe in der Malerei verwandt, so ist ein ganz bestimmtes Rot gemeint, das auf der Malfläche begrenzt auftritt und von anderen Farben abgegrenzt wird, wodurch sich ihr Charakter verändert. Kandinsky schließt daraus, dass die Form die Farbe beeinflusst, er spricht von subjektiver Substanz (Farbe) in objektiver Hülle (Form). Die Farbe, die eine Form ausfüllt, schaffe eine spezifische Wirkung. Für Kandinsky gilt als Grundform: „ein Dreieck mit Gelb ausgefüllt, ein Kreis mit Blau, ein Quadrat mit Rot". Es lassen sich allerdings auch andere Kombinationen denken.

„Manche Farbe [werde] durch manche Form in ihrem Wert unterstrichen und durch andere abgestumpft. Jedenfalls klingen spitze Farben in ihrer Eigenschaft stärker in spitzer Form (z.B. Gelb im Dreieck). Die zur Vertiefung geneigten werden in dieser Wirkung durch runde Formen erhöht (z.B. Blau im Kreis). Er lässt aber das „Nichtpassen der Form zur Farbe" zu, es muss als eine neue Möglichkeit betrachtet werden, eine neue Harmonie. Die Zahl der Farben und Formen ist unendlich, und so sind es ihre Kombinationen und entsprechenden Wirkungen. Die Form im engeren Sinne ist für Kandinsky einfach die Abgrenzung einer Fläche von der anderen. Allerdings ist diese äußere Form auch *„Äußerung des inneren Inhaltes"*.

Kandinsky unterscheidet dann die Form, die einen materiellen, d.h. realen Gegenstand aus der Fläche herausschneidet, und die Form, die ein vollkommen abstraktes „Wesen" umschließt. Darunter versteht er zum Beispiel die geometrischen Formen Quadrat, Kreis, Dreieck, Rhombus, Trapez und „die unzählig anderen Formen, die immer komplizierter werden und keine mathematische Bezeichnung besitzen". Es gibt auch Zwischenformen, in welchen beide Elemente vorhanden sind und wo entweder das Materielle überwiegt oder das Abstrakte.

Und jetzt folgt das Erstaunliche. Offenbar war Kandinsky 1912 noch nicht von der reinen Abstraktion überzeugt: „Mit ausschließlich rein abstrakten Formen kann der Künstler heute nicht auskommen. Diese Formen sind ihm zu unpräzis. Sich auf ausschließlich Unpräzises beschränken, heißt, sich der Möglichkeiten zu berauben, das rein Menschliche ausschließen und dadurch seine Ausdrucksmittel arm machen." Offenbar vermisst Kandinsky zu diesem Zeitpunkt den deutlichen Lebensbezug in der vom Gegenstand völlig losgelösten Form. Allerdings sieht er auch in der Gegenständliches enthaltenden Form eine Problematik: „Es ist nicht möglich, eine materielle Form genau wiederzugeben. [...] Der bewusste Künstler aber, welcher mit dem Protokollieren des materiellen Gegenstandes sich nicht begnügen kann, sucht unbedingt dem darzustellenden Gegenstande einen Ausdruck zu geben, was man früher idealisieren hieß, später stilisieren und morgen noch irgendwie anders nennen wird." Es handelt sich um den

Weg zum „Kompositionellen". Es geht dabei zunächst um die „Komposition des ganzen Bildes" und dann um die Schaffung der einzelnen Formen, die in verschiedenen Kombinationen zueinander stehen, sich der Komposition des Ganzen unterordnen. „So tritt in der Kunst allmählich immer näher in den Vordergrund das Element des Abstrakten. [...] Und dieses Wachsen und schließlich Überwiegen des Abstrakten ist natürlich." Und jetzt kommt er auf den Klang zu sprechen. Er erwägt den Fall, dass der Klang des Gegenstands den Klang des Abstrakten schwächen könnte. Auf diese Weise nähert sich Kandinsky der reinen Abstraktion. Es geht um das *„Prinzip der inneren Notwendigkeit"*. Dieser Begriff nimmt bei Kandinsky von Fassung zu Fassung seiner Schrift eine immer zentralere Bedeutung an. Diese *innere Notwendigkeit* besteht aus drei Elementen: zuerst der „Persönlichkeit des Künstlers", dann der „Eigenart der Epoche" und schließlich dem „Element des Rein- und Ewig-Künstlerischen", welches „als Hauptelement der Kunst keinen Raum und keine Zeit kennt". Die „innere Notwendigkeit" macht er 1919 zum Hauptprinzip „sämtlicher Gebiete des geistigen Lebens". Für Kandinsky liegen die Begriffe „abstrakt" und „geistig" nah beieinander. Der Schritt zur Abstraktion hat für ihn eine geistige Dimension. Damit einher geht das Konzept, dass Vereinfachung, Reduzierung, die er äußere „Verarmung" nennt, zur inneren Bereicherung führe. Und hier kommt der Begriff der „Redlichkeit" zurück, Willkür und Chaos sind nicht die Freiheit, die er im Sinn hat. Noch sei die Synthese zwischen äußerer Struktur und innerem Leben nicht vollzogen, sagt er 1915. Und: „Form ohne Inhalt ist tot. Inhalt ohne Form lebt." Er beharrt auf seiner schon 1908 gestellten Forderung, dass die Malerei ihre eigenen Mittel, also Farbe, Linie und Form genauso benutzen könne, wie die Musik den Klang, also ohne Nachahmung der Natur. Auch sei keine der Künste in der Lage, die Wirklichkeit äußerlich perfekt wiederzugeben. Es gelte das Wesen, die innere Wahrheit zu bannen.

Wassily Kandinsky und Adolf Hölzel – Wege zur Abstraktion

Jetzt wäre ein Vergleich des Wegs zur Abstraktion, den Hölzel beschreitet, mit der Theorie Kandinskys wichtig. Die Theorie des jeweiligen Malers stellt ihre Herangehensweise auch in der Ausführung Ihrer Bildwerke, ihrer Kompositionen dar. (Hölzels Theorie und Vorgehensweise wurde schon im Kapitel „Adolf Hölzel" beschrieben, soll aber hier noch einmal aufgenommen werden, um die Unterschiede und das Gemeinsame dieser beiden Maler deutlich zu machen, die am Beginn der Abstraktion stehen.)

Eine „Entmaterialisierung des Ausgedrückten", das bedeutet Abstraktion vom Gegenstand, und die ist gewollt. Harmonische Aufteilung der Fläche in Flächenformen lassen bei Adolf Hölzel ein Flächenmosaik entstehen, dem ein spannungsvolles Grundlinienraster zugrunde liegt. Es ist eine Malerei, die das Bild in erster Linie als mit Farbe bedeckte Fläche sieht. Hölzel bezieht die Gesamtheit der Bildfläche in seine Komposition ein, die von den Ecken und Rändern her erschlossen wird. Es kommt zu einer geradezu kristallinen Flächenstruktur. Dieses Konzept ist schon in einem Schlüsselwerk der Moderne verwirklicht, das Hölzel 1905 in Dachau gemalt hat, es ist die schon mehrfach erwähnte „Komposition in Rot I" und eines der ersten abstrakten Gemälde der Kunstgeschichte. Ziel dieser Kunst ist es, im Malprozess die *künstlerischen Mittel*, die Farben, Formen, das Format des Bildes, umzusetzen. Diese *künstlerischen Mittel* sind abstrakt, „alles setzt sich für ihn aus Linien, helleren, dunkleren und farbigen Formen [...] zusammen [...]. Zuerst muss das Werk des Malers [...] ein abstraktes Bild sein und kann erst dann auch eine Darstellung werden." [7]

Beide Künstler nähern sich in ähnlicher Weise der Abstraktion. Doch während Kandinsky sich erst allmählich von dem, was er *die materiellen Formen* nennt, zu Gunsten der geometrischen und anderer, nicht von materiellen Gegenständen abgeleiteten Formen, entfernt, schließlich löst, kommt Hölzel über eine kristalline Flächenstruktur ganz am Ende zu Anklängen an das Gegenständliche, das Materielle, zurück, das sich aus der Komposition der Einzelformen ergibt, wenn es sich denn ergibt. Gelb führt nach außen, ist exzentrisch, strahlt aus. Blau führt nach innen, ist konzentrisch, das Auge versinkt darin. Die Wirkung von Gelb steigert sich beim Aufhellen (Beimischung von Weiß), die Wirkung des Blau steigert sich beim Verdunkeln der Farbe (durch Schwarz). Zwischen Gelb und Weiß besteht eine tiefe Verwandtschaft, ebenso zwischen Blau und Schwarz. Hier sind die Unterschiede marginal.

Wassily Kandinsky und die Wirkung der Farbe

Kandinsky unterteilt die Farben in vier Kategorien, die er Hauptklänge nennt: Es sind Wärme und Kälte des farbigen Tones und Helligkeit und Dunkelheit desselben. Die größten

---

[7] Ingeborg Bauer: Wege zur Abstraktion (Norderstedt 2013)

Gegensätze sieht er zwischen Gelb und Blau. Er spricht von einer horizontalen Bewegung der Farbe, wobei der warme Ton sich auf den Zuschauer zubewegt, er nennt ihn körperlich, der kalte sich vom Zuschauer entfernt, er nennt ihn geistig.

Versucht man Gelb kälter zu machen, so bekommt es einen grünlichen Ton und verliert an Bewegung, Ausdehnung. Wird Blau hinzugefügt, so entsteht Grün und volle Unbeweglichkeit und Ruhe. Betrachten wir Gelb in einer geometrischen Form, so beunruhigt die Farbe, die wie „eine immer lauter geblasene scharfe Trompete" klingt – ein synästhetischer Zusammenhang nach Kandinsky.

Gelb ist „die typisch irdische Farbe", sie zeigt kaum Tiefe. Die Gabe zur Vertiefung aber ist Blau. Blau ist „die typisch himmlische Farbe". Sie erzeugt Tiefe und Ruhe, erhält u.U. den Beiklang einer übermenschlichen Trauer. Musikalisch ähnelt das helle Blau, das klangloser ist, einer Flöte, das dunkle Blau gehört dem Cello oder tiefer gehend der Bassgeige.

Grün bildet ein ideales Gleichgewicht zwischen Gelb und Blau. Es erscheint unbewegt, es entsteht Ruhe. „Absolutes Grün ist die ruhigste Farbe [...]: sie bewegt sich nach nirgends hin" und ist emotionslos, neutral. Grün hat „keinen Beiklang der Freude, der Trauer, der Leidenschaft, sie verlangt nichts, ruft nirgends hin." Grün ist die Hauptfarbe des Sommers, wo die Natur die Sturm- und Drangperiode des Frühlings überstanden hat und in eine selbstzufriedene Ruhe getaucht ist.

Nähert sich Grün dem Gelbton an, so wird es „lebendig, jugendlich, freudig", rückt es ans Blau heran, so bekommt es etwas Ernstes, Nachdenkliches. Wird es einfach (durch Weiß oder Schwarz) hell oder dunkel, so behält es den ursprünglichen Charakter von Gleichmaß (Kandinsky spricht von „Gleichgültigkeit") und Ruhe, wobei im Hellen ersteres, im Dunkeln letzteres stärker klingt. In der Farbe Grün hört Kandinsky „ruhige, gedehnte, mitteltiefe Töne der Geige".

Er kommt nun auf Weiß und Schwarz zu sprechen. Für ihn sind es keine Nichtfarben. Weiß wirke auf unsere Psyche als „ein großes Schweigen", es entspreche den Pausen in der Musik, aber den kleinen Pausen, die keinen Abschluss darstellen, sondern Pausen, die voller Möglichkeiten sind, im Gegensatz zu Schwarz, das „wie ein ewiges Schweigen", eines ohne Zukunft und Hoffnung, klingt. Es stellt die abschließende Pause nach der Musik dar. „Das Schwarz ist „etwas Erloschenes, wie ein ausgebrannter Scheiterhaufen." Es ist die klangloseste Farbe, auf welcher deswegen jede andere Farbe, auch die am schwächsten klingende, stärker und präziser klingt. Anders ist es mit Weiß, das beinahe alle Farben mindert. Die Mischung von Schwarz und Weiß, Grau, ist klanglos und unbeweglich, aber anders als Grün, das die Mischung zweier Farben darstellt, ist Grau trostlos.

Nun zu Rot, das es in vielen Facetten gibt, vom hellen Saturnrot zum dunklen Krapplack, dazwischen Zinnoberrot, Englischrot. Das ideale Rot ist „eine sehr lebendige, lebhafte, unruhige Farbe". Kandinsky spricht vom „Klang der Fanfaren" mit Beiklängen der Tuba. Das helle, warme Rot wirkt ähnlich wie Mittelgelb und erweckt aktive, positive Gefühle wie freudige Entschlossenheit. Im mittleren Zustand (Zinnoberrot) gewinnt dieses kraftvolle Gefühl an Beständigkeit. Es sei wie „eine gleichmäßig glühende Leidenschaft, die sich aber durch Blau löschen lässt". Rot glüht, ist aber verhaltener und ruht mehr in sich als Gelb. Rot vermischt mit Schwarz wirkt stumpf, so dass im Braunton nur noch „ein kaum hörbares Brodeln klingt".

Das kalte Rot (Krapplack) lässt sich vertiefen, so dass „der Eindruck des tieferen Glühens wächst". Es bleibt aber „ein Erwarten eines neuen energischen Aufglühens" erhalten. Der Farbton erinnert dann an die „mittleren und tieferen Töne des Cellos". Wenn es hell ist, „klingt es wie jugendliche, reine Freude, wie eine frische, junge, ganz reine Mädchengestalt und erinnert an höhere klare, singende Töne der Geige".

„Das warme Rot, durch verwandtes Gelb erhöht, bildet Orange." Das Gelb bringt das Rot nun etwas in Bewegung, bekommt aber durch das Rot etwas Ernstes. „Es ist einem von seinen Kräften überzeugten Menschen ähnlich und ruft deshalb ein besonders gesundes Gefühl hervor. Wie eine mittlere Kirchenglocke, die zum Angelus ruft […] oder wie eine starke Altstimme, wie eine Largo singende Geige." Violett, das durch die Mischung von Rot und Blau entsteht, enthält ein abgekühltes Rot „im physischen und psychischen Sinne. Es hat etwas Krankhaftes, […] Trauriges in sich" und gleicht in seinem Klang dem englischen Horn, der Schalmei, „und in der Tiefe den tiefen Tönen der Holzinstrumente."

Die Nachbarschaft von Rot und Blau sieht Kandinsky „gerade durch den großen *geistigen Gegensatz* unter ihnen als einen der stärkst wirkenden." Als Beispiel nennt er die Gewandung der Mutter Gottes, die über Rot einen blauen Mantel trägt und so „das *Menschliche* durch das *Göttliche* verdeckt."

Kandinsky erklärt, „dass alle die gebrachten Bezeichnungen dieser nur einfachen Farben sehr provisorisch und grob sind. [...] Die Töne der Farben, ebenso wie die der Musik, sind viel feinerer Natur, erwecken viel feinere Vibrationen der Seele." Er konstatiert letztlich die „Unmöglichkeit, das Wesentliche der Farbe durch das Wort [...] zu ersetzen." [8]

Exkurs: Gelb in der chinesischen Kultur

Farben können in unterschiedlichen Kulturen unterschiedliche Bedeutung annehmen. Es dürfte schwierig sein, Farben in ihrer Wirkung eindeutig festzulegen. Ein vielleicht extremes Beispiel stellt die chinesische Kultur dar.

Für Chinesen steht die Farbe Gelb, wie schon in Teil I erwähnt, im Zentrum des Universums, sie kennzeichnet die

---

[8] Wassily Kandinsky, Das Geistige in der Kunst (Bern 1952, 2004 rev. Neuauflage), insbesondere Kapitel B: Malerei
Jelena Hahl-Fontaine, „Die vielfältigen Varianten der Schrift „Das Geistige in der Kunst" in: Wassily Kandinsky, Das Geistige in der Kunst (Bern 1952, 2004 rev. Neuauflage)

Mitte – und da liegt China, „das Reich der Mitte". Es gibt fünf Himmelsrichtungen, erstaunlich für Europäer, die fünfte ist die Mitte, wir haben ein Quadrat, und wenn wir die gegenüberliegenden Ecken miteinander verbinden, so schneiden sie sich in der Mitte. Das ist die fünfte Himmelsrichtung für Chinesen. Auch wir verbinden ursprünglich mit den Jahreszeiten und den Himmelsrichtungen bestimmte Farben: das Schwarze Meer, das Rote Meer, Weißrussland. Die fünf Grundfarben der chinesischen Symbolik sind Gelb, Grünblau, Rot, Weiß, Schwarz. Blau, die Lieblingsfarbe einer Mehrheit der Europäer, wird eigenartigerweise nicht als eigenständige Farbe empfunden. [9]

Gelb steht in Asien für Glückseligkeit, für Ruhm, für Weisheit, für Harmonie, für höchste Kultur. Die Weißen idealisieren Weiß, für Asiaten ist Gelb die schönste Farbe. Chinesen erleben das Gelb als lebensspendende Naturkraft: Nordchina wird ständig vom Staub aus der Wüste Gobi überzogen, es ist gelber Lössstaub, der zu fruchtbarem Ackerboden wird. Gelb war auch die Hoheitsfarbe des Kaisers. Die chinesischen Sagen erzählen von einem gottgleichen Kaiser, der den Menschen die Kultur brachte. Man nennt ihn den „Gelben Kaiser" (Huang-ti).

 Die chinesische Philosophie erklärt das Schicksal der Welt, das Schicksal des Menschen aus den sich ergänzenden Gegensätzen von Yin und Yang. Yin ist die weibliche Kraft, das passive, empfangende Prinzip. Yang, das ist die männliche Kraft, das aktive, schöpferische Prinzip. Alles, was wesenhaft, und alles, was wesentlich ist - Gefühle,

---

[9] Ingeborg Bauer, Der *Goldene Schnitt,* Teil I

Nahrungsmittel, Fabelwesen, Himmelsrichtungen, Sinnesorgane und auch Farben -, wird einem der beiden Prinzipien zugeordnet. Gelb ist Yang.

In jeder Kultur ist die bedeutendste Farbe männlich. Dem männlichen Gelb steht in China als weiblicher Gegenpol Schwarz gegenüber. Dagegen ist für uns Schwarz eindeutig eine männliche Farbe, wir empfinden Gelb als weiblich. Und der Gegenpol zu Schwarz ist Weiß, nicht Gelb. Aber nach der chinesischen Symbolik wird das Gelb aus Schwarz geboren, so wie die gelbe Erde aus den schwarzen Urgewässern entstand.

Kandinsky und das Bauhaus

Zu Beginn seiner Zeit am Bauhaus lässt Kandinsky eine Folge von zwölf Blättern unter dem Titel „Kleine Welten" drucken. Sechs Blätter sind farbig, sechs schwarz-weiß, sie stehen für Tag und Nacht. Zwölf Monate repräsentieren aber auch das Jahr. Bei Kandinsky ist das nicht zufällig. Sie gehören in die Reihe der Bauhaus-Mappen, für die Feininger verantwortlich ist. Sie stehen an einem Übergang in seinem Schaffen. Sie greifen einerseits auf gegenständliche Motive zurück, zum anderen werden diese eingebunden in klare abstrakte und geometrische Formen, die auf sein zukünftiges Werk verweisen. In „Kleine Welten II" erinnern fast biomorph zu nennende Formen an ein Segelschiff in symbolisch angedeutetem Wasser. Zwei schwarze Punkte stehen möglicherweise für Gestirne, den Kosmos. Allerdings könnte man das Bild auch schon als reine Abstraktion begreifen. Es werden Empfindungen geweckt, ohne dass Inhalte verbindlich zu uns sprechen. In „Komposition No.350

(Hommage à Grohmann)", 1926, werden die geometrischen Grundelemente Dreieck, Quadrat und Kreis von kleinteiligen Elementen begleitet und von Sichel-, Stab- und Pfeilformen durchkreuzt. Die Motive werden um eine zentrale Pfeilachse gruppiert und schweben vor einem wolkigen Hintergrund.

Die Werte und Beziehungen von Farben und geometrischen Formen, die Kandinsky in seiner Schrift: „Über das Geistige in der Kunst" (1912) vertritt, finden sich auch in seinen Unterrichtsreihen am Bauhaus wieder. Auch führt er sie in seine eigenen Bildwelten ein, wenn auch nicht schematisch. Er glaubt im Grunde an ihre universale Gültigkeit, arbeitet aber fortwährend weiter am Thema. Auch im Farbkonzept seiner Haushälfte im Meisterhaus in Dessau lassen sich diese Positionen finden. [10]

Primärfarben ordnet er geometrischen Grundformen zu, wie oben ausführlich beschrieben. – Gelb ist für Kandinsky eine typisch irdische Farbe, die ihn an eine scharf geblasene Trompete erinnert. Interessant dazu ist, dass für Franz Marc Blau das männliche Prinzip verkörpert, herb und geistig, im Unterschied zum ‚weiblichen' Gelb. Doch lässt Kandinsky offenbar diese Differenzen zu. Denn in den Materialien zum Bauhaus findet sich ein Fragebogen, wo der Schüler die Funktion der geometrischen Grundformen mit einer Farbe verbinden soll. Gefragt wird nach einer Begründung, aber auch nach Geschlecht, Beruf, bzw. Berufswunsch und Nationalität dessen, der oder die den Bo-

---

[10] Ingeborg Bauer, Der Goldene Schnitt Teil II (Norderstedt 2020): Über die Meisterhäuser in Dessau

gen ausfüllt. Dabei kommt es erwartungsgemäß zu unterschiedlichen Ergebnissen, die Mehrheit schließt sich aber Kandinskys Überzeugung an, die bis heute allgemein akzeptiert wird.

Später sollen die Schüler auch für Sekundärformen wie Trapez, Parallelogramm, Rechteck, Sechseck entsprechende Farben finden. So wird dem Trapez die Farbe Orange zugeordnet, dem Sechseck Violett, dem Rechteck ein Moosgrün. Auch Übergänge von einer Farbe in die andere werden geübt. Offenbar will Kandinsky seine Erkenntnisse den Schülern mittels eigener praktischer Erfahrung vermitteln. In der Farbenlehre genießt der Winkel eine Sonderbehandlung, indem er eine starke Farbgebung im Winkel allmählich auflöst und in eine Struktur aus „farbigen Winkeln und elementaren Farbbeziehungen" überführt.

Der Kreis bei Kandinsky

Das widersprüchliche und dynamische Zusammenwirken gegensätzlicher Farben und Formen versteht Kandinsky als Prinzip seiner Malerei. Der Kreis in seinen Variationen verfügt für ihn über eine ganz besondere Kraft. In der Kreisform findet er innere Möglichkeiten, mehr als in anderen Formen. Hier trifft er sich mit Hölzel und mit Klee.

So schreibt Kandinsky 1930 an Will Grohmann: „Wenn ich z.B. in den letzten Jahren so oft und leidenschaftlich gern den Kreis verwende, so ist dazu der Grund (oder die Ursache) nicht die geometrische Form des Kreises, oder seine geometrischen Eigenschaften, sondern mein starkes Empfinden der inneren Kraft des Kreises in unzähligen Variationen; ich liebe den Kreis heute, wie ich früher z.B. das Pferd geliebt habe – vielleicht mehr, da ich im Kreis mehr innere Möglichkeiten finde [...]".

Für Kandinsky sind, wie für Klee, Analyse und Synthese wichtige Ausgangspunkte der pädagogischen Arbeit. Kandinsky verbindet mit Synthese allerdings die Idee des Gesamtkunstwerks aus unterschiedlichen Künsten. So strebt auch er Bühnengestaltungen an, was bei Oskar Schlemmer im Zentrum steht. Klee dagegen hat immer das Einzelbild im Blick.

Analytisches Zeichnen steht im Mittelpunkt seiner Weimarer Kurse. Sie sind eine Art Systematisierung seines eigenen Ringens um die abstrakte Malerei in den Jahren 1910-12. Kandinsky will damals die Gegenstände so darstellen, dass sie nur noch „Erinnerungen" sind und Assoziationen hervorrufen, keine Kopien von Realität. Das Bild soll durch formale Elemente (Farbe, Anordnung auf der Bildfläche) wirken. Das korrespondiert mit Hölzels *künstlerischen Mitteln*. Diesen Weg vermittelt Kandinsky durch eine Hinführung von der Realität in die Abstraktion. Das wird an einfachen Stillleben eingeübt. So soll zum Beispiel ein komplexes „Gerüst" aus Leitern durch verschiedene Stufen der Reduktion in eine Struktur aus geometrischen Formen überführt werden. Überhaupt benutzt er Stillleben, die er in immer reduzierterer Form darstellen lässt. Diese Methode erinnert an Pablo Picassos Lithographie-Serie: „*Der Stier*" (Le taureau), wo er zwischen dem 5. Dezember 1945 und dem 17. Januar 1946 ausgehend von einem naturalistisch gezeichneten Stier in einer Folge von Zeichnungen immer stärker vereinfacht, reduziert, bis am Schluss nur noch wenige Linien übrig sind, ohne das Sujet jedoch zu verleugnen. Picasso ist im engeren Sinne allerdings kein abstrakter Maler. Auch geht er stets von einer gegebenen Form aus, die er nie ganz aus dem Blick verliert. Das unterscheidet ihn von Kandinsky, aber auch von Klee.

In seinem Bauhausbuch „Punkt und Linie zu Fläche" von 1926 stellt Kandinsky eine „Analyse der malerischen Elemente" dar.

Alexej von Jawlensky (1864-1941)

Alexej von Jawlensky lehrte nicht am Bauhaus, lebte und arbeitete aber zusammen mit Marianne von Werefkin und mit Wassily Kandinsky und Gabriele Münter in München und im von der Bevölkerung sogenannten *Russenhaus* in Murnau. Die beiden Maler verbindet zudem die russische Tradition. Etwa um 1912 malt Alexej von Jawlensky ein Stillleben mit Heiligenbild. Alltägliche Gegenstände und die Ikone werden hier verbunden. Die Ikone deutet schon eine Transzendenz an, die zu den immer abstrakteren Porträts führt, die sich von den Naturfarben lösen und sich zu völlig abstrakten Köpfen entwickeln. Köpfe sind es nur dann, wenn man die Entwicklung berücksichtigt, in der sie entstehen. Es ist eine fast unendliche Reihe, die er selbst durch unterschiedliche Titel in Serien aufteilt. Voraus gehen Variationen zum Motiv „Weg". Doch ist Jawlensky Russe und offensichtlich auf seine Art tief im orthodoxen Glauben verwurzelt. Kunst ist für ihn Sehnsucht nach Gott, und er kommt zu dem Schluss, dass nur das Gesicht diese Sehnsucht zum Ausdruck bringen kann. Es ist letztlich ein religiöses Antlitz, in sich vertieft, oft mit geschlossenen Augen und aufs Elementarste reduziert.

Man wird an den Paul Klee der letzten Jahre erinnert. Paul Klee ist an Sklerodermie erkrankt. Diese Krankheit verändert sein Leben und Schaffen. Trotz schwerster Behinderung läuft er in den letzten drei Jahren zur Hochform auf, die letztlich auf einer äußersten Reduktion beruht. Ende der 1920er Jahre zeigen sich bei Jawlensky Symptome einer schweren chronischen Arthritis, die im Laufe der Zeit zu Lähmungserscheinungen an den Händen führt und das Malen oft unmöglich macht. Für seine letzten Werke müssen ihm die Pinsel an Arm und Hand befestigt werden. So unterstützt die Krankheit eine abstrakt zu nennende Vereinfachung seines Motivs. Eines seiner letzten Bilder hat den Titel: „Erinnerung an meine kranken Hände". 1936 entsteht die „Kleine Meditation Nr.10/III", die zusätzlich den Titel trägt: „Leidenschaft und Erkenntnis". Auch hier bleibt noch die Grundstruktur seiner letzten Gesichterserie, der Meditationen, erhalten. Aus großer Dunkelheit leuchtet noch verhalten lebensbejahendes Rot und rechts tiefes Blau, das aus einem Violett herauswächst. Man fühlt sich an Kandinskys Farbenlehre erinnert und könnte darin ein gemaltes Testament sehen. In seinen letzten Lebensjahren ist er ans Bett gefesselt. Im März des Jahres 1941 stirbt Jawlensky in Wiesbaden.

Klee und Jawlensky kennen sich von München her. Das Ehepaar Klee besucht den Münchner Salon von Jawlenskys

Lebensgefährtin, Marianne von Werefkin, in der Gisela-
straße. Ihrer Förderung hat Jawlensky seine Laufbahn zum
großen Teil zu verdanken. Sie ist die Meisterschülerin des renommierten Malers Repin in St. Petersburg, in dessen Atelier
die beiden „Lebensmenschen" aufeinander treffen. Sie
gibt zehn Jahre lang ihre eigene vielversprechende
Karriere auf, um dem um vier Jahre jüngeren Jawlensky den
Weg in eine ganz neue Art von Kunst zu ermöglichen.

Vom expressionistischen Porträt herkommend reduziert
Alexej von Jawlensky das Gesicht zu einer an archaische
Formen anknüpfenden Gestalt. So könnte man durchaus
an die Gesichtsbetyle der Nabatäer, sowie an Mumien-
porträts des römischen Ägyptens denken. Nachweislich
spielen aber auch seine russische Herkunft und die Ikonenmalerei eine entscheidende Rolle.

Im Jahr 1917 beginnt bei Jawlensky ein Prozess, der die
natürlichen Formen des Gesichts in zunehmendem Maße
vereinfacht. Nach Ausbruch des Ersten Weltkriegs flüchtet
Jawlensky in die Schweiz. Dort begegnet der 52-Jährige
Maler der 27-jährigen Emilie Ester Scheyer, die ihn zur Serie
seiner „Mystischen Köpfe" inspiriert haben soll. Aus der Begegnung entwickelt sich eine lebenslange Freundschaft.
Sie wird Ausstellungen für ihn organisieren und wenig später
(1924) in den USA Kunstagentin für Jawlensky, Klee,
Feininger und Kandinsky werden, die *Blauen Vier*. 1917 entsteht ein „Mystischer Kopf" mit auffallend kubistisch verschränkten Augen. Ein „Mystischer Kopf" von 1919 trägt
noch den Untertitel: „Junges Mädchen". Jetzt ist das Porträt
fast ‚en face', die Farbigkeit, abgesehen von den stark
betonten Augen und den dunkel umrissenen Haarsträhnen,

in zartem Pastell gehalten. Noch immer könnte man in dem Porträt ein individuelles Bildnis sehen. Doch deuten sich bestimmte Vereinfachungen an, die sich im weiteren Verlauf der Serien verfestigen werden: Die Nase wird zum senkrechten Strich, der Mund zum waagrechten. Die Haare enden in runden Strähnen, und eine oder zwei Locken fallen nach unten. In seinen „Meditationen" weist schon der Titel darauf hin, dass der Maler sich völlig entfernt von der Abbildung der diesseitigen, materialisierten Welt. Noch befinden sich Reste einer Bewegung in der Struktur, wird eine völlige Symmetrie vermieden. Ein Auge ist geschlossen, das andere offen. Das Gesicht als Ganzes erscheint in sich versunken. Die wenig später entstehenden „Heilandsgesichter" (1917-1919) orientieren sich am Mandylion, dem „vera icon" und zeigen nur andeutungsweise noch eine Halspartie, auf die Jawlensky schließlich ganz verzichtet, so dass die Darstellung stiller und noch stärker reduziert erscheint. Die Augen sind geschlossen, der Blick geht nach innen.

Geometrische Formen begleiten die zunehmende Abstraktion

Jawlensky wird in der nächsten Phase, die der „Abstrakten Köpfe" (1918-1935), die beschriebenen Formen noch weiter reduzieren, sie in geometrische Grundformen überführen, in Kreise, kleinere und größere Kreissegmente, aber auch in rechteckige Formen. Er schafft so ein orthogonales Liniengerüst, eine Art Raster, in das er immer wiederkehrende, stereotype Elemente einträgt. Eine große U-Form bezeichnet nun Wangen und Kinn, Nase und Augenbrauen werden durch dünne Linien markiert, die im rechten Winkel aufeinanderstoßen. Der Mund verliert an Bedeutung und rutscht nach unten, wo er zur waagrechten Linie wird. Über der Stirn ist ein Dreieck erkennbar, welches mit seiner Spitze auf den Scheitelpunkt zielt. Die in den bisherigen Serien so prominente Augenpartie wird zur waagrechten Linie reduziert oder aber in geschlossen wirkende horizontale Rechtecke überführt. Leicht gewellte Linien an den Seiten der U-Form mögen noch ein Verweis sein auf das Haar Christi auf dem Mandylion. Bildgrund und Gesicht erscheinen nun weitgehend miteinander verbunden, wie das Tuch mit dem Abdruck des Antlitzes Christi.

In Jawlenskys späten „Meditationen" bilden die Augen-, Nasen- und Mundlinien eine Art Doppelkreuz, das er mit unterschiedlichen Farben füllt. Die Partie der geschlossenen Augen präsentiert sich als eine Art Querbalken. Die schon früher beobachtete Tendenz zur Spannung durch diagonale Linien- und Farbführungen setzt sich fort, wobei meist Licht und Schatten, Helles und Dunkles miteinander korrespondieren und farbliche Schwerpunkte sehr unterschiedlich gesetzt werden.

Irdisches Dunkel
verwandelt in ein Epos
von leuchtender Kraft.
Mit geschlossenen Augen
wird Wirklichkeit zu Wahrheit.

(Tanka)

Literatur zu Jawlensky:

Der Blaue Reiter (Ausstellungskatalog des Museums Frieder Burda Baden-Baden), Ostfildern 2009

„Vernissage. Die Zeitschrift zur Ausstellung: Alexej von Jawlensky" Nr.9/1998, Dortmund

Der Blaue Reiter (Ausstellungskatalog des Museums Frieder Burda Baden-Baden), Ostfildern 2009) zu Jawlenskys „Köpfen" Kat.52-56

Ingeborg Bauer, Ikonen der Kunst (Norderstedt 2014), zu Jawlensky insbesondere S.146-153

Oskar Schlemmer (1886-1943)

Oskar Schlemmers Figurationen schwanken zwischen Kunstfigur und anthropomorphem Menschenbild, was sich am deutlichsten in den Bauhaustänzen manifestiert, wo sich die Maske über den ganzen Körper erstreckt. Schlemmer benutzt in seinen Köpfen eine reduzierte Formensprache. Er konstruiert den Menschen aus geometrischen Figuren, er schafft in seiner Kunstfigur „Homo" einen entindividualisierten Urtyp, eine moderne Form des „Vitruvmanns" von Leonardo. Wie bei den frühen Porträts der Renaissance, wie im Schattenspiel, tritt dieser Menschentyp meist im Profil auf. Es geht dem Künstler in der Vereinfachung und gleichzeitigen Stilisierung um die Formung eines neuen Menschenbildes, das etwas zeitlos Humanes zum Ausdruck bringen soll. Er ist damit den Reformbewegungen der damaligen Zeit zuzurechnen, die auch am Bauhaus eine nicht unwichtige Rolle gespielt haben. Als Beispiel gelten mag der Köpfe-Fries (1923), ein Entwurf für ein Wandbild in der Weimarer Wohnung des mit Gropius zusammenarbeitenden Architekten Adolf Meyers. Die Frontal-Ansicht des Kopfes ähnelt Masken der Frühzeit, so z.B. dem Fragment einer Totenmaske aus dem Neolithikum, das am Federsee gefunden wurde. Auch Johann Wolfgang von Goethe versucht sich 1787/88 an einem Proportionsschema des männlichen Kopfes, wobei auffällig ist, dass er ebenfalls die Linie von der Stirn über die Nase zum Kinn im Wesentlichen als Gerade auffasst. Weitere Beispiele sind die Drahtfigur Homo (1930/32 für die Wandgestaltung im Haus Rabe in Zwenkau, die in einer Replik aus dem Jahr 1977 vorhanden ist. Typisch für die Umsetzung in ein Gemälde ist die Konzentrische Gruppe aus dem Jahr 1925.

„Denn die Abstraktion der menschlichen Gestalt ... schafft nicht das Naturwesen Mensch, sondern ein Kunstwesen, sie schafft ein Gleichnis." (Schlemmer, 1931)

Schlemmer geht es nicht um eine Darstellung des Individuellen, sondern um den Menschen im Allgemeinen. Vielleicht könnte man von figurativer Abstraktion sprechen. Es ist der Versuch, den menschlichen Körper geometrisch aufzufassen, ihn in den Raum einzubinden.

Die oben erwähnte „*Konzentrische Gruppe*" von 1925 ist als Komposition sehr typisch. Diese Bilder folgen einem symmetrischen Aufbau, der Rückenfiguren zeigt und Profile darstellt, die er spielerisch ineinander verfugt. Ob er zu dieser Art der Abbildung durch das tägliche Bild der Studenten gelangt ist, die die Treppe des Weimarer Bauhauses hinaufstiegen? Oskar Schlemmers berühmte „Bauhaustreppe" von 1932 ist ein spätes Werk, in dem er die

Symmetrie umspielt und die Figuren in mehreren Diagonalen in den Raum setzt, sie gewichtet. Hier sind die Köpfe mehr oder weniger geneigt und die Figuren überlagern sich nicht mehr.

Oskar Schlemmer und das „Triadische Ballett" (1922 in Stuttgart uraufgeführt)

Die *künstlerischen Mittel*, die Adolf Hölzel als Basis seines Schaffens sieht, sind auch Voraussetzung der Kreativität seiner Schüler. Willi Baumeister bezeichnet sie als *elementare Mittel*. Oskar Schlemmer überträgt sie in die dritte Dimension, in den Raum. In ihm bewegt sich nun ein Tänzer, dessen Körper in geometrische Grundformen eingebunden ist. Der Tänzer wird so zu einer Puppe oder Marionette, die gerade durch ihre Künstlichkeit wirkt. Durch diese Abstraktion wird die menschliche Figur akzentuiert, überhöht. Sie wird entindividualisiert. Ihr Körper passt sich der Geometrie des Kostüms an, das Kostüm bestimmt die Art der Bewegung, Drehen, Kreisen, Schreiten. Der Tänzer wird zum makellos funktionierenden Maschinenmenschen. Schlemmer sagt, der Mensch bestehe nicht nur aus Fleisch und Blut, sondern sei auch ein Mechanismus aus Maß und Zahl. Der Tanz strukturiert den Raum, der Raum den Tänzer. Die Geometrie bestimmt die Figuren, ihre Gestik. Die Abfolge ihrer Bewegungen wird durch ein auf dem Boden vorgezeichnetes Liniennetz bestimmt. Solche Raster können aus Spiralen bestehen oder schachbrettartigen Mustern. In jedem Falle handelt es sich um eine konsequent realisierte geometrische Verflechtung.

Dieses Ballett hat Affinität zum Puppenspiel, zum Marionettentheater, wie Kleist es beschreibt, wo es gerade das Fehlen von Bewusstsein der Figurinen erlaubt, etwas Allgemeines, Gültiges, ja Heiles zum Ausdruck zu bringen. Oskar Schlemmer wird im Ersten Weltkrieg verwundet, und diese Erfahrung lässt ihn, ähnlich wie Fernand Léger, die Perfektion der abstrakten Puppe, des Maschinenmenschen als Erneuerung und Harmonisierung des Sozialen begreifen.

Bis zu drei Tänzer tanzen auf der Bühne in 18 Kostümen. ‚Drei' ist die magische Zahl des Balletts und bezieht sich auf den Dreiklang von Kostüm, Bewegung und Musik, auf Raum, Form und Farbe, auf die geometrischen Grundformen von Kreis, Quadrat und Dreieck, die Grundfarben Rot, Gelb und Blau. Zudem wird das Ballett unterteilt in drei Akte, die sich durch drei unterschiedliche Raumklänge unterscheiden. Begleitet werden die einzelnen Phasen von klassischer Musik (Händel, Mozart, Haydn) und von moderner Musik (Hindemith u.a.).

Der erste Bühnenraum ist gelb getönt und wird als „burlesk und pittoresk" charakterisiert. Der Tanz der Dame in quergestreiftem Rock hat etwas Leichtes, Verspieltes, dazu gesellt sich der „Taucher" mit einem Kugelgesicht, runden Augen, runder Nase und einem ebensolchen Mund. Dies erzeugt einen komischen Effekt. Eine Figur mit Kugelarmen folgt einem Paar in Weiß. Der Harlekin beschließt diesen ersten Akt.

Der zweite Raum ist rosa getönt und wird als „seriös und festlich" bezeichnet. Bodenraster sind sowohl Schachbrett, als auch Kreis. Hier sind Anklänge an Höfisches gegeben. Drei flache Stufen auf der einen Seite entsprechen einer schiefen Ebene auf der anderen, die Aufgänge werden geschlechtsspezifisch genutzt. Musikinstrumente werden in die Bewegungen zweier Tänzer eingebunden.

Der dritte Raum hat einen völlig in Schwarz getauchten Hintergrund. Der Akt wird „heldisch und monumental" genannt. Eine Tänzerin im Spiralrock tanzt entlang einer aufgezeichneten Spirallinie klassisches Spitzenballett, dann erscheinen die Scheibentänzer, von denen zunächst nur Fragmente auf dem schwarzen Grund auftauchen. Das hat etwas Magisches. Ihre Bewegungen mit den runden Scheiben, in die sie eingepasst sind, erinnern an Sonnen, an Gestirne, an Kosmisches. Das mechanische Heben und Senken der Arme hat etwas von den Zeigern einer Uhr. Auf einem Schachbrett tanzen dann die beiden Scheibenfigurinen mit der weiblichen Drahtfigurine. Alles erscheint rund und vollkommen und ist von einem hohen Grad an Abstraktion. Abschließend erscheint nun die einzige unsymmetrische Figur, der „Abstrakte", dessen Kostümierung durch die Diagonale strukturiert ist und der die Spirale auf der Brust trägt: Abgesang.

Oskar Schlemmer
Das Triadische Ballett, 1922

Es dominiert der Kreis
das Runde –
die geometrische Form
bestimmt die Körper
im Raum, den Tanz

über die Lineaturen –
das Drehen von Kreiseln
das Schreiten massiver
Körper gebunden
durch die abstrakte Form.
Der Kreis wird zur Kugel
und öffnet sich zur Spirale –
eine Eroberung des Raums
durch die Mathematik.

Der Tanz auf dem Schachbrett
das Gleiten über die spiralige
Linie, Begegnung mit dem
alternierenden Prinzip –
Magie von Hell und Dunkel
vom Wandel der Perspektive –
und der Glaube, dass der Raum
sich so selbsttätig ordne, dass Heil
flösse aus der abstrakten Form.

Gelb – „burlesk und pittoresk"

In helles Gelb getaucht der Raum
der Kindheit – verspielt und heiter
hüpfend auf dem gerasterten Grund
Himmel und Hölle nicht eigentlich
erfahrend beim Tanz im bunten Röckchen
dazu die komische Taucherfigur –
Kindchenschema und Babypuppe
der Schmetterling in seiner Larve –

das Paar in Weiß im Zauber des Beginns
und der Einbruch des Burlesken
in der Figur des Harlekin.

Rosa – „seriös und festlich"

In höfisches Rosa getaucht
festlich sich ergehend
die Figurinen zu klassischen Klängen
Schachbrettetikette geharnischt
ein sich Drehen im Kreise
der tanzenden Dame umringt
von hofnärrischen Musikanten –
Stufen und Schräge: Trennung
der Geschlechter.

Schwarz – „heldisch und monumental"

Atemberaubend die Schwärze
und die Magie der Fragmente
schwebend im Raum – klassischer
Spitzentanz entlang der vor-
gezeichneten Spirale: Öffnung
hin in den Raum der beiden
Scheibenfiguren – ein Auf und Ab
in maßvollem Schreiten – Sonne
und Sterne in kosmischem Kreisen
ein Heben und Senken der Arme
ein Anwachsen und Abnehmen
der Zeit – goldene Monde kreisen
im Einklang mit den Bahnen

von Planeten und fremden Galaxien –
bis sich die Symmetrie in der Diagonalen
verliert, der *Abstrakte* zurückblickend
ein Ende einläutet, die Spirale
über seinem Herzen sich öffnet.

Felix Klee über sich und Oskar Schlemmer

Aus Felix Klees Puppentheater erwuchs der Wunsch, ans Theater zu gehen. Er wird von 1926 bis 1928 Regieassistent am Friedrichstheater in Dessau. Die Theaterwerkstatt in Weimar sei „keine ernste Angelegenheit" gewesen, sagt Felix Klee. „Erst als Oskar Schlemmer 1923 diese Werkstatt von Lothar Schreyer übernahm, wurde aus der Sache etwas Ernsthaftes. [...] Schlemmer hat sich für die Bauhausbühne meistens pantomimische Sachen ausgedacht und auch die jetzt berühmt gewordenen Bauhaustänze, wie den Stäbchentanz, den Glastanz und viele andere mehr. Oskar Schlemmer war ein sehr heiterer und doch besinnlicher Mensch. [...] Ich hatte sehr guten Kontakt mit Schlemmer, als ich später von 1930 bis 1932 als Regieassistent am Breslauer Theater arbeitete." Felix Klee erlebt Schlemmer als jung gebliebenen Studenten, „mit dem man Streiche spielen konnte."

„Wenn ich mich allein hätte entscheiden können, dann wäre ich in die Bühnenwerkstatt gegangen. Doch mein Vater sagte ganz kategorisch: 'Nein, in die Bühnenklasse gehst du nicht, das ist eine Klasse für Faulenzer.' Das war eine harte Kritik, die er sonst niemandem gegenüber geäußert hätte, und sie beschäftigt mich heute immer noch etwas."

„Ich erinnere mich an Schlemmers ‚Triadisches Ballett', das nach seiner Premiere 1922 in Stuttgart, für ein paar Wochen in Weimar spielte. Damals war das alles improvisiert, und vieles war dem Zufall überlassen. Diese Improvisation hatte auch einen gewissen Sinn, vor allem hatte es den Reiz der Lebendigkeit." Und er vergleicht die Aufführung nun mit der neuen Stuttgarter Inszenierung, die als großer Erfolg um die Welt geht. „Heute geht alles ruckzuck und mit einer Technik, von der wir damals keine Ahnung hatten. Jetzt wird es mit Pauke und Schlagzeug begleitet, während damals klassische Musik von Orchester und Klavier gespielt wurde. Für uns, die wir es von damals kannten, ist es einfach nicht mehr dasselbe."

Literatur:

Oskar Schlemmer – Visionen einer neuen Welt (Katalog der Staatsgalerie Stuttgart 2015), Kuratorin: Ina Conzen, Redaktion Ina Conzen und Susanne M.I. Kaufmann

Bauhaus, Die Zeitschrift der Stiftung Bauhaus Dessau, Ausgabe Januar 2014: Oskar Schlemmer

„Ein Gespräch mit Felix Klee" (S.19-49) /Sabine Rewald

in: Paul Klee: Sammlung Bergruen / Sabine Rewald. (Hrsg. Götz Adriani) Kunsthalle

Tübingen (München 1988)

Zu Oskar Schlemmer: Ingeborg Bauer, Wege in die Abstraktion – Lyrische Betrachtungen (Norderstedt 2013), S.42-49

Bildende Kunst und Bühne am Bauhaus

Oskar Schlemmer und „Das Triadische Ballett" hat auch heute noch nichts von seiner Bedeutung verloren. Doch gibt es Vorläufer und andere Kollegen, die sich am Bauhaus mit dem Thema beschäftigen.

Die Einrichtung einer Bühnenklasse ist eine Neuerung am Bauhaus. Der erste Meister dieser Werkstatt ist Lothar Schreyer (1886-1966), auch er hat wie Itten, Muche, Moholy-Nagy, Klee und Feininger seinen Weg über die Berliner Galerie „Sturm" gemacht. Schreyer hat in Berlin eine expressionistische Versuchsbühne, die „Sturm-Bühne" mit aufgebaut, die er 1919 in Hamburg fortsetzt.

Herwarth Walden (1878-1941) und die Galerie „Sturm"

Herwarth Walden, eigentlich Georg Lewin, ist ein Multitalent. Er ist Schriftsteller, Verleger, Galerist, Musiker und Komponist. Das Pseudonym Herwarth Walden bezieht sich auf Henry Thoreaus Roman: „Walden, or, The Life in the Woods". Herwarth Walden verkörpert den ganzen Aufruhr der zeitgenössischen Kunst in seiner Person. „Der Sturm" bezeichnet sinnfällig sein eigenes Temperament, ist auch der Name seiner Zeitschrift, die er von 1910 bis 1932 herausgibt. Walden ist beeindruckt von der „Fackel" von Karl Kraus, der ihm wichtige Kontakte in Wien vermittelt, zu Oskar Kokoschka und zu Adolf Loos, dem Architekten, der als Vorläufer des Bauhauses figurieren kann. Walden ist

vielleicht der bedeutendste Förderer der deutschen Avantgarde zu Beginn des 20. Jahrhunderts. Sein Porträt, gemalt von Oskar Kokoschka, hängt in der Staatsgalerie Stuttgart. 1903 gründet er einen Verein für Kunst, dem alle bedeutenden Schriftsteller und Künstler angehören, Heinrich und Thomas Mann, Alfred Döblin, Rainer Maria Rilke und viele andere. Darunter ist auch Else Lasker-Schüler, die er im selben Jahr heiratet. Dadurch kommt Else Lasker-Schüler 1920 auch zum ersten Mal ans Bauhaus, wo sie einen starken Eindruck hinterlässt. Mit großem Elan propagiert Walden in seiner Zeitschrift „Sturm" den „Expressionismus" als Synonym für alles, was er aufregend, neu und revolutionär findet. Er hat alle bedeutenden Vertreter des Expressionismus im Programm. Im Jahr 1912 eröffnet er seine Galerie „Sturm". Eine Ausstellung in ihren Räumen bedeutet offensichtlich, dass der betreffende Künstler „angekommen" ist. 1913 wird der „Erste Deutsche Herbstsalon" von Walden ausgerichtet, nach dem Vorbild des Pariser „Salon d'automne". Er versammelt 360 Arbeiten von 85 Künstlern, soweit diese nicht anderweitig gebunden sind, etwa bei Paul Cassirer. Bis in die Mitte der 1920er Jahre bekommt er Leihgaben der großen internationalen Museen, von Delaunay, Kandinsky, Rousseau. Sonia Delaunay-Terk kreiert die Einbände für den „Sturm" in den Jahren 1912 und 1913. Seine notorisch schlechte Zahlungsmoral lässt seinen Ruhm während der Weimarer Republik verblassen.
Sein Entschluss, 1918 der KPD beizutreten, bringt ihn ins Gefängnis. Es kommt zur Scheidung von Else Lasker-Schüler. Er geht 1931 nach Moskau, wo er bis zu seiner Verhaftung 1941 am Fremdspracheninstitut tätig ist, noch im selben Jahr stirbt er in der Haft. Soviel zu diesem Mann, der für das

Bauhaus und für die Entwicklung der Kunst im 20. Jahrhundert eine nicht zu unterschätzende Bedeutung hat und ganz unterschiedliche Strömungen bedient. [11]

Lothar Schreyer (1886-1966)

Über die Galerie „Sturm" gelangt auch Lothar Schreyer ans Bauhaus. Er ist der Sohn eines Landschaftsmalers und studiert zunächst Jura. Der promovierte Jurist geht dann aber von 1911 bis 1918, also auch während des 1. Weltkriegs, als Dramaturg ans Deutsche Schauspielhaus in Hamburg. 1919 gründet er die Berliner *Kunstbühne*, arbeitet zur gleichen Zeit aber auch mit Herwarth Walden zusammen, ist Redakteur der Zeitschrift „*Sturm*" und leitet von 1917 bis 1920 die *Sturm*-Bühne, wo er gegensätzliche, doch stets außergewöhnliche Konzepte verfolgte. Für ihn gilt das Bühnenkunstwerk als „Kosmischer Spiegel der Einheit des Lebens". Er betrachtet den Bühnenraum als kosmischen Raum. Man erinnert sich hier unwillkürlich an die drei Sterne der ebenfalls Kosmisches andeutenden Bauhaus-Kathedrale, die Feiningers Holzschnitt als Deckblatt des Bauhaus-Manifests feiert. Von 1921 bis 1923 leitet Schreyer die Bühnenklasse am Bauhaus. Seine künstlerischen Mittel für Bühnenwerke knüpfen u.a. auch an das Ideengut des anfänglichen Bauhauses an: Grundformen, Grundfarben, Grundbewegungen und Grundtöne – ein synästhetisches Basisprogramm. Schreyer beginnt mit dem „Mondspiel", das ein kultisch-religiöses Thema verfolgt, bei den Studenten aber

---

[11] Georg Imdahl, „Galerie für den Furor" in: SZ 10.05.2012

wenig Widerhall findet. Seine expressionistischen Bühnenwerke verbinden Sprache, Gestik, Farbe und Plastik radikal miteinander. Seine Person erscheint sehr zwiespältig. Er verlässt bald darauf das Bauhaus, wo Oskar Schlemmer nun seine Position einnimmt.

Schlemmer spricht davon, dass inzwischen am Bauhaus entweder von einem „Indienkult" die Rede sei, womit er wohl die Studenten um Itten meint oder von einem "Amerikanismus", womit Mechanisierung und Standardisierung gemeint sind. Studenten versuchen nun eigene Programme zu verwirklichen, aber es ist Schlemmers „Triadisches Ballett", an dem er seit 1914 gearbeitet hat, das 1922 in Stuttgart zur Uraufführung kommt. Schlemmers Ziele gehen über das Mechanische (das er „Amerikanismus" nennt) hinaus ins Kosmische, Metaphysische. Er will die Grundformen mit dem Menschen im Raum verwirklicht sehen. Seine Position ist der von Itten verwandt. Beide kommen aus dem Umkreis von Adolf Hölzel.

Wassily Kandinsky hat schon 1912 eine Bühnenkomposition in München aufgeführt mit dem Titel „Der Gelbe Klang". Er spricht von einer „abstrakten Bühnensynthese". In dem Wort Synthese verbirgt sich für Kandinsky ein Zusammenwirken der verschiedenen Künste.

Kurt Schmidt (1901 – 1991)

Der aus Sachsen stammende Künstler Kurt Schmidt - auch er ist eine Zeitlang bei Adolf Hölzel in Stuttgart – beschäftigt sich früh mit Bühnendekorationen und Figurinen aus geometrischen Elementen.

Das Stück „Mann am Schaltbrett" setzt sich mit Mechanik und Maschine auseinander. Die Figurine, die Maschine, besiegt ihren Schöpfer, wird zum Homunculus. Als neuer Mensch ist er aber nur noch Marionette, von einer unmenschlichen, unbezähmbaren Kraft beherrscht. Ein Thema, das uns heute sehr viel näher gerückt ist. Heute spekulieren wir, inwiefern Künstliche Intelligenz die menschlichen Fähigkeiten übertreffen und uns gefährlich werden könnte.

Eine Signalfigurine von Schmidt (1923) im Grassi-Museum zeigt ein seltsames Gebilde, das in seinen geometrischen Elementen durchaus an Signale, wie wir sie kennen, erinnert, doch ohne Abbild sein zu wollen oder zu können. Wie funktioniert eine Maschine? Man versucht am Bauhaus, das Spezifische ins Tänzerische zu übersetzen. Ein monotoner Rhythmus soll das Gleichmaß maschineller Bewegung unterstreichen.

Der Musiker und Musikkritiker Hans Heinz Stuckenschmidt beschreibt eine Begegnung im Atelier von Kurt Schmidt. Dort stehen mannshohe Konstruktionen aus Pappe, Draht, Leinwand und Holz, zu geometrischen Grundformen verarbeitet in den Grundfarben Gelb, Rot und Blau. Schmidt und zwei Mitarbeiter hängen sich ein rotes Quadrat, ein gelbes Dreieck und einen blauen Kreis um, die sie am Körper befestigten. Diese Figuren beginnen zu tanzen, während der Musiker eine, wie er sagt, primitive Begleitmusik improvisiert, die er passend findet zu den geometrischen Grundformen. Nach etwa drei Wochen des Übens, ist das

„Mechanische Ballett" bereit zur Aufführung vor Publikum. Nun tanzen die Tänzer, schwarz gekleidet, vor ebenfalls schwarzem Grund. Sie tanzen mit hellen geometrischen Formen vor dunkler Folie, so dass nur die Formen schwebend zu tanzen scheinen. Hier zeigt sich ein Konstruktivismus in Bewegung, wo „die Bilder laufen lernen".

Es wird experimentiert, nicht alles gelingt.

Oskar Schlemmer, der Maler

1912 wird Schlemmer Meisterschüler bei Adolf Hölzel. Sein Thema hat er gefunden mit der Figur im Raum, wobei der Kopf prägender Bestandteil ist. 1913 entsteht ein Plakat für den „Neuen Kunstsalon am Neckartor" in Stuttgart: Auf schwarzem Grund ein heller, schmaler, gelängter Kopf im Profil, alle Einschnitte und Markierungen sind in rechten Winkeln. Links oben ist eine getreppte Linie, die das obere Ende des Kopfes vorwegnimmt, fast schon ein Logo für das Dargestellte.

Oskar Schlemmer: „Spiel mit Köpfen" (1923)

Da nur ein einfach zusammengeheftetes Exemplar vorhanden ist, wird angenommen, dass die Mappe wegen der Inflation nicht gedruckt werden konnte. Schlemmer hat hier ein Spritzverfahren angewendet, das den Drucken Transparenz und damit etwas Schwebendes vermittelt. Jeweils drei nach links gewandte Profilköpfe in drei verschiedenen Größen liegen übereinander. Es ist das für Schlemmer typisch reduzierte Profil, wie es sich schon in dem Plakat von 1913 andeutet, doch sind jetzt die Profile weicher und weniger streng an geometrische Grundformen angelegt. Er ändert die Perspektiven und variiert die Profile in senkrechte und geneigte Positionen. Ein Druck unterscheidet sich jeweils in drei Helligkeitsgraden und dem Ton des Papiers. Die Grundfarben reichen von Violett über Blaugrün zu Hellbraun und Hellrot zu Grau und Schwarz. Die Drucke verströmen eine konstruktivistische Strenge und weisen auch schon voraus auf Josef Albers „Hommage ans Quadrat", was ihre feine farblich reduzierte Gestaltung betrifft.

Der Mensch bei Schlemmer

Doch konzentriert sich Schlemmers Werk auf den Menschen. Seine Figuren sind geometrisch konstruiert, reduziert im Detail, aber keineswegs abstrakt. Der Mensch bleibt stets deutlich erkennbar. Die Einfachheit der Darstellung ist ihm wichtig. Er notiert 1926 in seinem Tagebuch, dass gerade in der Einfachheit eine Kraft liege, in der jede wesentliche Neuerung verwurzelt sei. „Einfachheit, verstanden als das Elementare und Typische, daraus sich organisch das Vielfältige, Eigentümliche entwickelt, Einfachheit, verstanden als *tabula rasa* und Generalreinigung von allem eklektizistischen Beiwerk aller Stile und Zeiten, müsste ein Weg verbürgen, der Zukunft heißt!"

1919 gründen Baumeister und Oskar Schlemmer zusammen mit anderen Hölzelschülern in Stuttgart die Üecht-Gruppe. Der Name wird von Schlemmer mit dem Verweis auf das althochdeutsche „uohta" (Morgendämmerung, Tagesanbruch) vorgeschlagen, als Metapher für die Hoffnung auf eine neue Kunst und Gesellschaft, die viele Künstlergruppen nach dem Ersten Weltkrieg bewegt. Eine erste gemeinsame Mappe wird Paul Klee gewidmet. Blatt 9 der Mappe stellt eine Halbfigur von Schlemmer dar. Auch hier ist eine schon fast eingehaltene Symmetrieachse da, wie sie für Schlemmers Gemälde typisch sein wird. An die Achse grenzen vier Quadrate und ein Dreieck. Ein unterteilter Kreis wird mit wenigen Zeichen zum Kopf. Runde und schräge Linien lassen Ansätze eines Körpers erahnen. Mit kleinen Strichen, Punkten und Streifen sind die Teile charakterisiert, eine grafische Darstellung von Farbe, möchte man meinen. Das Auge, ein kleiner schwarzer Punkt, lässt zusammen mit Mund und Kinn den Menschen erkennen, die Rundung einer Brust macht die Figur zur Frau. Hier haben wir die Einfachheit und Züge von dem, was sein Werk ausmachen wird: seine „Konzentrischen Gruppen", von denen zu Beginn die Rede war, in denen er Figuren ineinander um eine Achse verfugt. Sein dreidimensionales Denken in der Fläche zeigt sich in der Hintereinanderstaffelung einzelner Figuren in unterschiedlichen Stellungen. Ihre Schichtung im Raum ist auf die Mittelachse ausgerichtet.

„Die Malerei bedarf eines Mediums aus der sichtbaren Welt, um sich darzustellen. Das vornehmste Objekt: der Mensch. Damit scheint die alte Ästhetik wiederhergestellt? Ich glaube, ja." Das schreibt Schlemmer am 3. März 1924 in sein Tagebuch.

Bei aller grundsätzlichen Akzeptanz eines konstruktiven geometrischen Aufbaus geht es Oskar Schlemmer letztlich doch um die Darstellung ethischer, humaner Werte, die er in seinem „Homo" verwirklichen will. In Dessau unterrichtet Schlemmer die dritten Semester in Aktzeichnen. Der Kurs ist theoretisch verbunden mit dem Thema „Mensch". Hier stellt Schlemmer den Menschen als dreifache Einheit dar: als körperliches Wesen durch Proportionslehre und Bewegung, als seelisches Wesen durch Psychologie und als geistige Existenz durch Philosophie und Geistesgeschichte. Technik und Politik fehlen in diesem idealistischen Menschenbild. Dieses Konzept steht im Widerspruch zu dem Konzept des neuen Bauhausdirektors Hannes Meyer. 1929 verlässt Schlemmer das Bauhaus.

Schlemmer macht in seinen Kursen am Bauhaus die Proportion in der Darstellung des Menschen zum Thema, die sich auch in Hölzels Unterricht zum konstruktiven Bildaufbau und zum *Goldenen Schnitt* findet. Für ihn steht die menschliche Figur im Zentrum – allerdings ein überhöhter Mensch, der aus einer Anlehnung an geometrische Formen zusammengesetzt, zum Teil einer Raumordnung, eines Raumkonzepts wird. Bei ihm wie bei Hölzel findet sich der *Goldene Schnitt* mit der Zahl Φ (Phi). Φ ist die Zahl des *Goldenen Schnitts*. Zwei Strecken stehen dann im Verhältnis des *Goldenen Schnitts*, wenn sich die größere zur kleineren Strecke so verhält, wie die Summe der beiden Strecken zur Größeren. Der Wert dieses Streckenverhältnisses (die größere Strecke) geteilt durch die kleinere entspricht exakt der *Goldenen Zahl* Φ. Dieses Verhältnis enthält eine besondere Harmonie. Sie findet sich auch in der Natur, wie ich in Teil I meines Buches *Der Goldene Schnitt* ausgeführt habe, und eben auch in unserem Gesicht, was Schlemmer nutzt.

Der Schweizer Otto Meyer-Amden, ein enger Vertrauter von Oskar Schlemmer, vertritt eine solche Körperaufteilung. Schlemmer übernimmt dessen Anregungen und macht sich eine mystische Schematisierung des Körpers zunutze, indem er Körperteile mit geometrischen Elementen gleichsetzt: „Das Quadrat des Brustkastens, der Kreis des Bauches, Zylinder der Arme und Unterschenkel, Kugel der Gelenke an Ellbogen, Knie, Achsel, Knöchel, Dreiecke der Nase." Das geht auch in die Kostüme des „Triadischen Balletts" ein. Mit Itten teilt er einen zutiefst esoterischen An-satz. Er sieht einen kosmischen Zusammenhang zwischen Mensch, Natur und Technik. Er strebt letztlich einen neuen, idealen Menschen an.

Trotz seiner Liebe zur Geometrie gehört er zu der Gruppe von Künstlern, die im Konstruktivismus, in der Konzeptkunst nicht die Lösung erblicken. Er zählt sich zu denen, die Grenzen überschreiten, sich nicht völlig in ein System ein-passen lassen, die die Transzendenz, das Metaphysische als künstlerisches Ziel nicht aus den Augen verlieren.

Im Labor für lacktechnische Versuche des Wuppertaler Fabrikanten Kurt Herberts arbeiten während der NS-Zeit nicht nur Oskar Schlemmer, sondern auch Willi Baumeister, Gerhard Marcks und Georg Muche. Außer Baumeister waren alle Meister am Bauhaus. Herberts hat eine prak-tische Verwertung für seine Lacke im Sinn. Für die Künstler geht es ums Überleben. [12]

---

[12] SZ 11.12.19: „Wuppertaler Lackballett. Eine Ausstellung im Von-der-Heydt-Museum zeigt vor allem späte Werke des Bauhausmeisters Oskar Schlemmer, der sich in der NS-Zeit als Angestellter einer Farbenfabrik, als Anstreicher und Verkäufer durchschlug." / Von Alexander Menden

Das Bauhaus und danach

In Anlehnung an die Delaunays:

Ernst Wilhelm Nay (1902 – 1968)

Auf Studienjahre in Berlin folgen Aufenthalte in Paris und Rom. Nays Bilder fallen unter die „entartete Kunst", doch hilft ihm Edvard Munch, die Sommer der Jahre 1937 und 1938 in Norwegen zu verbringen. Die dort entstehenden Werke sind an der Landschaft orientiert, doch die Farbe entfernt sich von der Realität. In Frankreich, wo Nay als Gefreiter und Kartenzeichner stationiert ist, malt er heimlich. In zunehmendem Maße benutzt er die Farbe zur Strukturierung und Rhythmisierung. An Adolf Hölzel erinnernd, spannt er Farbe in Flächenmuster ein und setzt Komplementärkontraste. Er benutzt nun Titel, die er der griechischen Mythologie entnimmt, sieht er doch in der Antike das Humane. Schon jetzt tauchen Kreis- und Dreiecksformen auf, in die figurale Elemente eingespannt erscheinen. Noch sind die Farbklänge erdgebunden. 1946 sagt der Künstler: „Malen, das heißt aus der Farbe das Bild formen, denn die Farbe ist das Leben der Malerei, Ausdruck der Ursprünglichkeit, die wiedergewonnen ist." In einer neuen Phase tritt die Konstruktion stärker in den Fokus. Der Analytische Kubismus wird zum Ausgangspunkt. Es tauchen nun auch Kreis- und Spiralformen auf mit einem dunklen Punkt im Zentrum. Was sich wohl eher zufällig entwickelt, wird er später in seinen „Augenbildern" bewusst einsetzen.

In der Auseinandersetzung mit Wassily Kandinsky und Robert Delaunay entsteht ein neuer Schwerpunkt: die Werkgruppe der „Scheibenbilder". Die Rundform der Scheibe wird zu seinem bekanntesten Motiv (1954-1962), das er auch theoretisch reflektiert, ausgehend vom „Gestaltwert der Farbe", einer 1955 veröffentlichten Schrift, in der er die Grundlagen seines Systems der „punktuellen Setzung" der Farbe darlegt. Ähnlich wie Paul Klee den Punkt als Ausgangspunkt der Linie sieht, ist es bei Nay ein farbiger Fleck: „Wenn ich mit einem Pinsel auf die Leinwand gehe, gibt es einen kleinen Klecks, vergrößere ich den, dann habe ich eine Scheibe. Diese Scheibe tut natürlich auf der Fläche schon eine ganze Menge. Setze ich andere Scheiben hinzu, so entsteht ein System von zumindest farbigen und quantitativen Größenverhältnissen, die man nun kombinieren und weiterhin zu größeren Bildkomplexen zusammenbauen könnte." Diese Scheiben sind bei Nay rein den *malerischen Mitteln* entnommen und werden ab 1955 zum alleinigen Bildmotiv. Der Kreis als die vollkommenste Form erhält eine Dynamik auch durch den Klang der Farben, die er kontrapunktisch nebeneinander setzt, so dass die Form vibriert, in den Raum tanzt. Es kommt zu spiralartigen Kreisen, deren Form auch angeschnitten oder aufgebrochen erscheint und damit zu einer gewissen Disharmonie. Zwei Jahre später werden die Konturen offener und weicher gestaltet, um dann mehr aus dem kreisenden Pinsel heraus entwickelt zu werden.

Ernst Wilhelm Nay, „ohne Titel" (1956): In diesem Werk sind es in der Regel noch klar umgrenzte Scheiben, die von kreisförmigen Linien eine Strukturierung erfahren, eine musikalische Klangfolge, die die Rhythmik eines Tanzes vollführt.

Ernst Wilhelm Nay, „Kadenz in Moosgrün" (1958): Der Titel
verrät schon die erdfarbenen Klänge, die hier dominieren,
ein durchtränkter Waldboden im Frühling. Die fast kreisrun-
den Scheiben abstrahieren Blumen, indem sie die Farben
sparsam anklingen lassen. Noch ist es ein einziges tiefes
dunkles Blau. Ein Jahr später wird ein solches Blau explo-
dieren.

Ernst Wilhelm Nay, Blaue Bahn (1957): Die Scheiben erinnern
an Organisches, nicht an geometrisch Abgezirkeltes,
irgendwie stecken noch Blüten darin. Auch in den das Blau
umgebenden Farben vibriert noch etwas vom unge-
ordneten Bauerngarten. „Blaue Bahn", ein Weg vom tiefen
Wasser in die kosmische Höhe des Himmels, der blauen
Atmosphäre, die uns umgibt, ein klarer Weg, der sich durch-
setzt in der bunten Vielfalt des Alltags. Scheiben lassen an
Kreise, an Spiralen denken, der blaue Weg an einen
Lebensbaum, in den sich die Generationen einfügen. Die
Hoffnung aber liegt in den zarten Elementen von
Himmelblau.

> Scheiben wie Blüten
> schildern die blaue Bahn vom
> tiefen Wasser nach
> oben – lauter Leben, sich
> zur Himmelsleiter weitend.
>
> (Tanka)

Ernst Wilhelm Nay, Irisches Gedicht (1957): Ein Werk wie ein
Blumenstrauß – Farben und Formen folgen keiner darstel-

lenden Absicht, sondern werden in völliger Freiheit von jedem Motiv angeordnet. Doch sind die farbigen Flächen nicht mehr grafisch präzise angegeben wie in vorausgehenden Bildern, wobei der Pinselstrich die einzelnen Formen mehr oder weniger moduliert und rhythmisiert.

Das spontane Durchkreuzen der Scheiben führt Nay um 1962/63 zu seinen Augenmotiven. Mit dieser neuen Thematik kehrt der Mensch ins Blickfeld zurück, das Schauen und Angeschaut-Werden enthält magische Kräfte. Nay bindet die Farbigkeit seiner Scheibenbilder mit einer harmonisch ausbalancierten Struktur. Nicht die Kontraste dominieren wie bei den beiden Delaunays, es ist eine ruhigere Ausgeglichenheit, die nicht mehr anbinden will an mythische Konnotationen. Erst mit den Augenbildern gerät er in die Nähe eines Mythos der Abstraktion. [13]

Otto Fried (* 1922)

Otto Fried stammt aus einer jüdischen Familie, die ihn 1936 wegen des wachsenden Antisemitismus in die USA nach Portland / Oregon schickt, wo er bei einer Gastfamilie unterkommt. Er lernt die Natur kennen, die Wolken lieben. 1943 wird er eingezogen, kommt zur amerikanischen Luftwaffe, wo er an asiatischen Schauplätzen eingesetzt wird. Seine Tätigkeit als Flieger beeinflusst möglicherweise seine

---

[13] Pinakothek der Moderne (Katalog / Dumont 2002), Hrsg. Carla Schulz-Hoffmann, S.248ff.

späteren Bilder. Nach dem militärischen Einsatz beginnt er 1947 ein Kunst- und Architekturstudium in Portland. 1949 reist er nach Frankreich, arbeitet mit Fernand Léger, der damals mit dem Kubismus beschäftigt ist. Er lebt in Paris und in New York und unternimmt zahlreiche Reisen. Nachhaltig wird er von japanischer Kunst beeinflusst. Ursprünglich am Kubismus interessiert, entwickelt er eine abstrakte Bildsprache. Der Kreis wird zu seinem Lebensthema. Es entstehen kosmisch wirkende, auf Scheiben und Kreisen beruhende Kompositionen. Diese Scheiben werfen Schatten, entwickeln eine Aura, überschneiden sich. Sie sind von unterschiedlicher Größe, wirken einmal heiß durch Rot, das durch Schwarz verstärkt wird, verlieren sich aber auch in bewegten Kreisen vor einer blauen Scheibe. Während in den 1950er Jahren eine graue Tönung vorherrscht, kommt später eine intensive Farbigkeit ins Spiel, Rot und Blau erzeugen eine feurige oder kühle Atmosphäre. Die Bewegung komme aus dem Arm, das Kreisen aus dem Herzen, soll Otto Fried gesagt haben. Die Überschneidungen erhalten durch entsprechende Konturen oder Schatten eine Tiefe, die einen kosmischen Raum suggeriert, der auch durch eine spezielle Maltechnik bewirkt wird. Der Betrachter sieht sich in kosmischen Prozessen, die dem Erleben in einem Planetarium vergleichbar sind. Der fast hundertjährige Maler lebt in Paris. Das Ludwig Museum in Koblenz richtet 2020 eine Retrospektive aus mit dem suggestiven Titel: „Der Himmel kann warten".

Serge Poliakoff (1906-1969)

Serge Poliakoff kommt als 13. Kind einer wohlhabenden Moskauer Familie zur Welt. Er erhält eine gute Bildung, die Musik und Kunst einschließt. Die Liebe zur Malerei zeigt sich schon früh. Ab 1914 besucht er Malkurse. 1920 wird die Situation in Moskau kritisch. Der Vater schickt die Mutter mit den beiden jüngsten Kindern aufs Land. Doch Serge entscheidet sich für die Flucht. Mit einem Onkel schlägt er sich über Georgien nach Konstantinopel durch, wo er über viele Stationen schließlich 1923 in Paris ankommt. Dort nimmt er sein Kunststudium wieder auf.

Nach 1935 findet er zur Abstraktion und trennt sich von der Gegenstandsfarbe. Er wird entscheidend beeinflusst von seinem Landsmann Kandinsky, dem Synthetischen Kubismus und den Delaunays. Doch steht er in seinen Farb-Form-Abstraktionen auch dem Suprematismus seiner Heimat nahe. Poliakoff entwickelt seine eigene Art der Abstraktion, indem er bunte Farbflächen nebeneinander stellt, ineinander verfugt. In den 1940er Jahren bleibt er im graubraunen Farbbereich, später erweitert er die Farbskala um leuchtende Farben, die er gegeneinander absetzt. In seinem Spätwerk kehrt er zu Erdfarben und einer monochromen Gestaltung zurück.

Serge Poliakoff, Orange und Mauve (1950)

Das Bild hat den Charakter einer in warmen Tönen gehaltenen Collage. Die einzelnen Formen erscheinen übereinander geklebt. Es sind Varianten akkurater Formen, sie sind großflächiger als etwa bei Paul Klee. Man könnte noch entfernt ein Festhalten am Figurativen ahnen. Und doch geht es dem Künstler wohl in erster Linie um die Darstellung einer Empfindung.

Serge Poliakoff

Orange und Mauve (1950)

Warme Farben
von dunkelndem Herbstlaub
ausgebreitet zu einem Teppich
Farbfelder und Hügel
ein lichter Baum, ein Segel und
dichter noch das Spiegelbild im See –
warum erblickt mein Auge
diese Landschaft
ging es dem Maler
doch um Abstraktion?

Serge Poliakoff: Abstrakte Komposition Blau-grün-grau-rot (1961)

Das Bild hängt in der Pinakothek der Moderne in München. Es zeigt eine durch Grau gedämpfte Farbigkeit. Das Geometrische ist zurückgetreten. Wichtig wird das Gleichgewicht. Das Bild führt von den Rändern ins Innere. Rot, Blau und Grün erscheinen gedämpft und verweisen auf das graue Vieleck. Hier herrscht anders als in „Orange und Mauve" eine Kühle, die zur Meditation einlädt. [14]

Bauhausschüler

Fritz Winter (1905-1976)

Fritz Winter ist Schüler am Bauhaus in Dessau. Sein Werk führt die abstrakte Malerei am Bauhaus fort. Seine Arbeit wird erschwert durch ein 1937 verhängtes Mal- und Ausstellungsverbot und einen Kriegseinsatz an der Ostfront. Erst 1949 kehrt er aus sowjetischer Kriegsgefangenschaft zurück. Er bemüht sich zusammen mit anderen um einen Neuanfang im Nachkriegsdeutschland. Kurz nach seiner Rückkehr bildet er mit Gleichgesinnten die Münchner Gruppe „Zen 49". Ein Jahr später begründet er mit seinem Malerkollegen Hans Hartung das *Informel*, eine gestisch abstrakte Malerei. Doch bleibt Winters Formensprache unabhängig und thematisch der Auseinandersetzung mit Natur und Kosmos verpflichtet. Werden und Vergehen, die widerstreitenden Kräfte von Chaos und Kosmos, sind durch

---

[14] Pinakothek der Moderne (Katalog / Dumont 2002), Hrsg. Carla Schulz-Hoffmann, S.284

seine Kriegserfahrung geprägt. Seine Abstraktion wird diesbezüglich zur Metapher.

Das Kunstmuseum Stuttgart legt in einer Retrospektive den Fokus auf das enge Verhältnis von Kunst und Natur in seinem Werk, das sich wie ein roter Faden durch alle Phasen seines Schaffens zieht. Der Ausstellung ist ein Satz des Malers vorangestellt:

„Ich blicke in das Innere der Natur, die gleichsam vor meinen Augen transparent wird."

Zellen

Direkt nach dem Abschluss seines Studiums am Bauhaus in Dessau arbeitet Fritz Winter an Werken, die an die mikroskopische Nahsicht der Naturwissenschaften erinnern. Ihn interessieren die Keimzellen, die Urformen des Lebens. Besonders ab 1931 tauchen vermehrt diese zellenartigen Elemente auf, die sich ausstülpen, einander überlagern, sich teilen. Es ist, als wolle der Künstler den Wachstumsprozess begleiten. Dabei ist das äußere Erscheinungsbild eines Organismus für Winter prinzipiell nebensächlich. Er selbst vergleicht seine künstlerische Tätigkeit mit der Forschungsarbeit eines Wissenschaftlers, wenn er sagt: „Ich blicke in das Innere der Natur, die gleichsam vor meinen Augen transparent wird." Aber es handelt sich um das innere Auge, das Kandinsky das „geistige Auge" nennt. Dass es ihm nicht um die reine Abbildung geht, macht das Spätwerk besonders deutlich, wo die Zellen zu Kreisformen werden, die vermehrt von Linien durchzogen und manchmal sogar aufgebrochen werden.

Fritz Winter, „O.T."(Im Oval), 1932:

In der Eiform, die auch einem Korn entsprechen könnte,
sind amorphe, abgerundete geometrische Formen enthalten – in den weichen Abrundungen erscheint Leben
aufzukeimen. In Fritz Winter, „Triebe" wachsen diese nach
oben wie Stalakmiten, nur werden sie nach oben hin
breiter und öffnen sich.

Das Oval von Ei
und Korn – die weiche runde
Form des Lebenden.

Triebe – leuchtende
Stalakmiten – sich öffnend
nach oben zum Licht.

Kreisende Schalen
der Zwiebel – aus ihnen bricht
Korn, Blüte und Frucht.

Urformen – Zellen
und Kreise – das Sperrige
Verstörende und
Verletzende – dennoch ruht
im Kristallinen das Licht.   (Haikus und ein Tanka)
Kosmos

Während Winter in den Zellbildern dem Blick durch das
Mikroskop folgt, schaut er zur gleichen Zeit auch durch das
Teleskop, um den unendlichen Raum des Weltalls zu
ergründen. Dabei mischen sich kosmische Elemente mit
ovalen Formen, die aus den „Zellbildern" bekannt sind.

Winter betont die Parallele zwischen dem Mikrokosmos der Zellen und dem Makrokosmos des Weltalls: In jedem kleinen Detail spiegelt sich das Ganze. Winter entfernt sich hier von dem durch naturwissenschaftliche Verfahren geschulten Blick und öffnet sein Werk für eine Ebene jenseits der Rationalität.

Fritz Walter, „Kristall", 1935

Hier finden sich spitze Formen und eine kristalline Vernetzung, ähnlich wie bei Adolf Hölzel. Die kristallinen Formen werden nun komplizierter, die Farbskala reicht von dunkel und dicht bis matt und hell in unterschiedlichen Schattierungen. Kosmische Konfigurationen entstehen zwischen nur angedeuteten Sternen und dunklen Sonnen.

Tektonische Strukturen

Mitte der 1930er Jahre verbindet Fritz Winter Kristallformationen mit Gitterstrukturen, die aus der Tiefe der Erde emporzuwachsen scheinen. Oft sind die schwarzen Bänder an den Gelenkstellen verdickt und öffnen den Bildraum in die Dreidimensionalität. Es entsteht der Eindruck eines unendlich erweiterbaren Gerüstes, das auch im Erdinneren für Wachstum und Dynamik sorgt. In Winters Spätwerk tauchen die schwarzen Linien als scharfkantige Formen auf, die vor allem der Strukturierung der Fläche dienen.

Kristalle

Auf seiner Suche nach den der Natur zugrunde liegenden „Formgesetzen" findet Fritz Winter nicht nur organische Elemente, sondern auch kristalline Strukturen, die er in den Kontext einer Lichtthematik stellt: Sie leuchten aus sich heraus oder werden von Lichtstrahlen durchdrungen, bis es aussieht, als würden sie ihre Materialität verlieren. Auf diese Weise entsteht ein Bildraum, dessen Tiefe kaum zu bestimmen ist. Wie viele seiner Zeitgenossen deutet Winter die Immaterialität des Lichtes als „Symbol des Absoluten".

Fritz Winter, Große Komposition IV, 1934

Strahlendes Licht
strömt durch ein Prisma
aus strukturierter Dunkelheit
Lichtpunkte –
kleine verborgene Monde
in wechselnder Konstellation –
das Rot der Sonnenscheibe
in die Peripherie verbannt
verspannt doch recht eigentlich
die kristalline Landschaft.

Fritz Winter, Komposition über erste Blüte im Walde, 1940

Blütenköpfe
Vogelfigurationen
Verschränkung
von Stängeln und Blättern –
ein Ineinander
und Auseinander
von Körpern im Werden.

Fritz Winter erkennt in der Natur einen „großen Lebensrhythmus", der für alles Wachsen verantwortlich ist. In vielen Zeichnungen thematisiert er Bewegungselemente als diagonal aufstrebende Formen oder Spiralen. Der Zyklus „Triebkräfte der Erde", den der Soldat Fritz Winter während eines Fronturlaubes 1944 ausführt, wird bestimmt von lichtdurchfluteten, transparenten Formen, die sich gegen das schattige Erdreich durchsetzen. Winter charakterisiert das ins Dunkel fallende Licht als schöpferisches Prinzip, das immer wieder Leben und Entwicklung ermöglicht.

Fritz Winter, Ohne Titel (Triebkräfte der Erde), 1944

Licht fällt in das Dunkel
entwickelt Keime
spitz zulaufende Triebe,
sich rundend,
Formen, deren Metamorphose
noch unbestimmt.
Im Wachsen verstärkt sich
die runde Form, wird zur Wiege
zur Mondsichel, zu Mutter und Kind –
erinnert an Steinformationen
in den Wüsten Marokkos –
Geburt in der Höhle,
verschleiert, traumgeboren
ortlos, raumlos, unbestimmt –
farbige Schatten von
Triebkräften der Erde –
eine Explosion bereitet sich vor –
ein Chaos beginnt sich zu ordnen.

Aus dem Runden, Lichten
wachsen die Knospen.

Fritz Winter, Zwischen Rot und Violett, 1951

Wie sich schwarzes Geflecht
über die Sonnen breitet
und Licht Form verschleiernd
zerfließt – wirbelndes Blut
der Aorta zum Herzen.
Schalen gebärend den Keim
sich öffnend in eine transparente
Helligkeit – es gilt zu überleben.

Fritz Winter, Februar, 1963

Aus dem Gitterwerk von Baum und Ast
Spuren von Grün
die Präfiguration von knospender Blüte
und Himmelsblau.

In der Dunkelheit
der winterlichen Bäume verfangen
ein ungewisses Leuchten –
im Verborgenen
die sich öffnende Gebärde.
Die Spannung der farbigen Akzente
aus dem dunklen Raster der Bäume –
als erhebe sich der Mensch –

und aus dem Nichts spräche Einer
das „*Gerettet*".

Der rote Sonnenball
in seiner Verankerung –
der kristalline Lichtstrahl
der zum Leben erweckt.

Auf Ölbildern der 1950er Jahre mischt Fritz Winter geometrische und biomorphe Formen, um die widerstreitenden
Kräfte von Ordnung und Zerstörung darzustellen. In „Zwei
Figurinen" (1953) auf zart geschichtetem blauem Grund,
der an Paul Klee und das Bauhaus erinnert, verweist er auf
die Transzendenz des Kosmischen und die verpflichtende
Verantwortung des Menschen dem großen Ganzen
gegenüber.

Literatur:

Fritz Winter: Das Innere der Natur. Hg. Ulrike Groos, Julia Bulk.
Katalog, Kunstmuseum Stuttgart 2013

Der Katalog legt den Fokus auf das enge Verhältnis von Kunst
und Natur im Werk von Winter, das sich wie ein roter Faden
durch alle Phasen seines Schaffens zieht.

Zu Fritz Winter: Zu Fritz Winter: Ingeborg Bauer, Wege in die
Abstraktion – Lyrische Betrachtungen (Norderstedt 2013), S.50-61

Max Bill (1908 -1994) und die *Konkrete Kunst*

Max Bill ist Schweizer. Er studiert von 1927 bis 1928 am Bauhaus in Dessau, wo er mit allen bedeutenden Bauhauskünstlern in Berührung kommt. Offenbar ist der Kontakt zu Josef Albers nachhaltig, da dieser Jahrzehnte später, 1954 und 1955, eine Gastprofessur an der Hochschule für Gestaltung in Ulm wahrnimmt. Max Bill gehört 1951 zu den Begründern der Hochschule in Ulm und ist von 1953 bis 1956 ihr erster Rektor. Danach hat er andere Lehrstühle inne. Er zeichnet sich aus durch eine ungeheure künstlerische Vielseitigkeit. Vor der Zeit am Bauhaus macht er eine Lehre als Silberschmied, die er mit Bravour abschließt. In Paris trifft er u.a. auf Le Corbusier, der ihn offenbar so beeindruckt, dass er nach der Bauhauszeit sich der Architektur zuwendet, was ihn nicht daran hindert, gleichzeitig als Maler, Grafiker und Bildhauer zu arbeiten. Auch Möbel kreiert er wie den Hocker, den Finanzminister Olaf Scholz 2020 an seine Ministerkollegen in der EU verschenkt. Das Möbelstück setzt sich aus drei Rechtecken zusammen, die dem Quadrat angenähert sind. Zwei waagrechte Platten sind mit einer senkrechten verfugt, so dass sie, gestützt durch eine Holzstange, als Hocker, als Ablage, und zwei aneinandergerückt, als Tisch dienen können. Diese Hocker können von den *Ulmer Werkstätten* hergestellt werden, die mit Behinderten arbeiten. Es ist ein Möbelstück ganz in der Tradition des Bauhauses.

Seine Vorstellung von Abstraktion nennt Max Bill *Konkrete Kunst*. Theo van Doesburg hat den Begriff 1924 eingeführt und 1930 in einem Manifest anlässlich der Gruppe *Art concret* programmatisch festgelegt. Van Doesburg konstatiert, dass ein Bild ausschließlich aus Farben und Flächen besteht. Max Bill wird zum wichtigsten Vertreter der Zürcher Schule dieser Kunstrichtung.

„Konkrete Kunst" will einen Schritt weiter gehen als „Abstrakte Kunst". Kunst ist insofern „konkret", als sie auf mathematisch-geometrischen Grundlagen beruht. Sie ist nicht eigentlich „abstrakt", da sie nicht von realen Gegenständen abstrahiert, keine Symbolik ausdrücken will. Sie will Geistiges materialisieren, das auf geometrischen Formen basiert. Vom Konstruktivismus grenzt sich die „konkrete Kunst" insofern ab, als es ihr um Denken in wissenschaftlichen Kategorien geht, um Mathematik, insbesondere um Geometrie. Es geht ihr aber auch um die Beziehung von Form und Farbe, und da sind wir wieder bei Kandinsky. Doch ist van Doesburg radikaler als Kandinsky, indem er der Farbe keine über sie hinausweisende Bedeutung zugesteht. Auch Josef Albers mit seiner Untersuchung des Zusammenwirkens der Farben in den „Homages to the Square" verfolgt diese Richtung.

Max Bills Auseinandersetzung mit dem Phänomen Farbe geht auf seine Zeit am Bauhaus zurück. Schon der Titel eines Ölbildes aus dem Jahr 1964 „Verdichtung von Violett gegen Gelb" lässt an die Farbtheorien der dortigen Meister denken. Das auf die Spitze gestellte violette Quadrat teilt ein Mittelstreifen aus schmalen, farbigen Dreiecken. Darin stehen sich Rot und Blau, die das umgebende Violett bilden, gegenüber und umschließen zugleich das komplementäre Gelb und Grün. Durch die kontrastierende Anordnung werden die exakt berechneten Elemente

scheinbar in Bewegung gesetzt und schaffen eine Raum-
illusion. Das Bild ist ein gutes Beispiel „Konkreter Kunst".
Nach Max Bills Definition von 1936 sind dabei Farbe, Form,
Raum und Bewegung in einem optischen Gegenstand
umgesetzt. Die Forderung „Konkreter Kunst" nach Max Bill
lautet: „ [Sie] ist in ihrer letzten Konsequenz der reine Ausdruck von harmonischem Maß und Gesetz. Sie ordnet Systeme und gibt mit künstlerischen Mitteln diesen Ordnun-
gen das Leben." Von den *künstlerischen Mitteln* spricht
auch schon Adolf Hölzel. Es stellt sich aber hier die Frage,
ob diese Art der Kunstauffassung nicht schon in Richtung
Künstliche Intelligenz geht, die das Künstlerische künstlich
umwandelt, die menschliche Kreativität zurückdrängt, aus-
schaltet?

Anton Stankowski (1906 - 1998)

Die Schräge seiner geometrischen Bilderfindungen verbindet ihn mit Theo van Doesburg (1883-1931), dem Mondrian
die Diagonale nicht verzeihen mochte. Stankowski ist
Werbegestalter, noch gibt es den Grafikdesigner nicht.
1930 prägt van Doesburg den Begriff der „Konkreten
Kunst", unter dem sich die Russen El Lissitzky, Kasimir Malewitsch und andere wiederfinden und eben auch Max Bill,
selbst Bauhausschüler. Stankowskis Arbeiten favorisieren
das Rhythmische, eine konstruktive Balance, bauen Spannung auf. Symmetrie und Asymmetrie finden Anwendung,
oft zusammen mit geometrischen Strukturen, und immer
wieder stößt er auf das Quadrat. Doch findet er, dass dieser

Grundfigur zu viel Aufmerksamkeit entgegengebracht wird. Dem setzt er seine „Schräge" entgegen, die Diagonale, die auch das 1972-74 entwickelte Logo der Deutschen Bank bestimmt. Es gibt Bilder, die stark an van Doesburg erinnern, sowohl durch die beherrschende Diagonale, als auch durch die Grundfarben, die sowohl der *De-Stijl*-Bewegung, als auch dem Bauhaus gemeinsam sind. In „Zellen mit Zentren" von 1973 legt er seine schrägen Bänder über ein verschachteltes Quadrat, Joseph Albers lässt grüßen. Er schneidet aber auch Rechtecke, Dreiecke und Kreuze an, so dass unregelmäßige Formen entstehen, die er miteinander verfugt, so dass eine Ordnung gekonnt um-spielt wird („Ohne Titel", 1984). Er schafft Überschneidun-gen, zieht Bänder durch Farbfelder („Neun Felder durch Bänder", 1969). Er kombiniert Dreiecksformen als Module, die Dreiecksformen geradezu klassisch verbinden („Vierer-modul", 1991). „Dreimal gleiches Blau" (1994) besticht durch die drei blauen Dreiecke, die die drei angeschnit-tenen farbigen geometrischen Formen in ein Quadrat einspannen. Interessant ist auch eine „Dreieckspirale" (1996), die Dreiecke in den Grundfarben, einer Mischung aus Rot und Blau, in immer kleiner werdenden Dreiecken mit abwechselnd horizontaler und vertikaler Hypotenuse kreisen lassen, bis sie in einem kleinen schwarzen Dreieck enden. Der späte Stankowski scheint bei einer klassisch anmutenden Einfachheit angekommen.

Farbfeldmalerei

Ad Reinhardt (1913 - 1966)

Ad Reinhardt malt von Anfang an abstrakt, doch enthalten seine Werke eine symbolische Konnotation. Sein Geburtsjahr 1913 steht für Kubismus, Mondrian und Malewitsch. 1937 wird er in den elitären Kreis der „American Abstract Artists" aufgenommen. „Kunst-als-Kunst" bedeutet Autonomie, Radikalisierung der Malerei, Beschränkung auf die *malerischen Mittel*". Er durchläuft die Stationen der abstrakten Kunst. Es gibt Berührungspunkte mit Josef Albers. Sie arbeiten zusammen in Yale als Professoren. Er ist vertraut mit Albers' Farbtheorie. 2010 / 11 findet eine Ausstellung im *Josef-Albers-Museum Quadrat Bottrop* für Ad Reinhardt statt, das den Bezug deutlich macht.

In den früheren Bildern erkennt man vor allem den Einfluss Mondrians, den Reinhardt neben Malewitsch besonders verehrt. „Während Mondrian eine Balance seiner quadratischen und rektangulären Formelemente herstellt, geht es Reinhardt um Symmetrie (die wieder findet sich bei Albers in der Mittelachse). Er gelangt schließlich zu einer Kreuzform im Bild, die sowohl im Horizontalen als auch im Vertikalen gleichwertige Gewichtung ermöglicht. Albers hat mit dieser Form auch experimentiert, hat sich aber zugunsten des Quadrats entschieden. Bei Albers drängt sich stets das Farbe tragende Quadrat – beziehungsweise die abgestuften Quadrate – in den Vordergrund. Bei Reinhardt tritt eine unterlegte Rasterstruktur erst nach intensivem Schauen hervor. Die Struktur soll soweit wie möglich in den Hintergrund treten. Er strebt einen Zustand an, in dem die Farbe absolut hervortritt. Anfang der 1950er Jahre verwendet auch Reinhardt rektanguläre Formen, die er wie Ziegelsteine schichtet, wobei die chromatischen Abweichungen immer mehr zurücktreten, bis fast eine Monochromie erreicht ist. Man wird an den nach ihm kommenden Yves Klein erinnert.

Reinhardt sucht nach einer neutralen Grundform, die er in einem Raster von neun Quadraten findet, das fast verschwindet. Es sind keine völlig schwarzen Bilder, er mischt Schwarz mit anderen Farben, was sich aber erst durch genaues Hinschauen erschließt. Die Bildoberflächen sind stumpf, so dass allein die Farbsubstanz ihre Wirkung entfalten kann. Der Maler hat, so nimmt man an, dünne Farbschichten in vielen Lagen übereinander gemalt. Abweichungen in den Nuancen werden bei intensiver Auseinandersetzung mit dem Bild und bei wechselndem Licht mehr erahnt als bewusst erkannt. Während bei Albers die Quadrate als die Farbe organisierenden Elemente fungieren, hat Form bei Reinhardt lediglich eine stabilisierende Funktion für die Farbe. Reinhardt hat sich mit dem Zen-Buddhismus auseinandergesetzt und mit der ostasiatischen Kunst. Wie sie verficht er einen absoluten Anspruch an die Kunst: „Der eine Maßstab in der Kunst ist Einheit und Schönheit, Richtigkeit und Reinheit, Abstraktheit und Vergänglichkeit." Und: „Anschauen ist nicht so leicht, wie es scheint. Die Kunst lehrt den Menschen das Sehen." Kunst habe nach Vollkommenheit, nach Wahrheit zu streben.

Reinhardts Bilder sind Andachtsbilder, allerdings ohne religiösen Hintergrund. [15]

Mark Rothko (1903 – 1970)

Mark Rothko wird in erster Linie wegen der gewählten Farben und der radikal reduzierten Form bewundert. Sein Oeuvre fungiert unter der Rubrik Farbfeldmalerei. Er behauptet, dass ihn Farben und Formen nie wirklich interessiert hätten, dass es ihm ausschließlich um Emotionen gehe, die Bilder auslösen können.

Mark Rothko wird 1903 im lettischen Dünaburg, dem späteren russischen Dwinsk, geboren. Sein Vater ist der Apotheker Jakob Rothkowitz, ein freundlicher Jude, Vater von fünf Kindern, dem die Antisemiten seiner Heimat das Leben zur Hölle machen. Die Familie Rothkowitz flieht 1910 nach Portland, Oregon. Marcus Rothkowitz beginnt ein Psychologiestudium in Yale, zieht nach New York, schlägt sich als Kunstlehrer durch und beginnt zu malen. In den 1930er Jahren ist Marcus Rothkowitz – den Künstlernamen Mark Rothko nimmt er erst 1940 an – noch auf der Suche. Er malt gegenständlich, thematisch ein wenig verwandt mit Hopper, und bemüht sich um eine individuelle, farblich

---

[15] Hans-Peter Rieseln: „Das ist keine Schwarzmalerei. Man muss hinsehen: Ad Reinhardt überwältigt mit seinen letzten Bildern in Bottrop". In: FAZ 16.10.10

gedämpfte Tonigkeit, um weiche Übergänge. Die Alltagsmotive seiner Bilder treten aber schon damals zurück hinter Farbklängen. Um 1946 lösen sich die gegenständlichen Andeutungen in gedämpfte Farbwolken auf, die sich schließlich farblich aufspalten und geschlossene Flächen bilden. Diese Farbfelder nehmen nun immer entschiedener waagrechte oder senkrechte Formen an, wobei ihre Ränder ausfransen, diffus zerlaufen. Die Flächen sind nicht kompakt, sie atmen, sie vibrieren. Mit der Einschränkung des Bildgeschehens auf rechteckig beruhigte, liegende Grundformen und auf wenige klar definierte Farben hat sich Rothko von allen kompositorischen Zwängen und Konventionen befreit. Er kann sich nun ganz auf Farbtöne konzentrieren, die nichts mehr darstellen müssen und sich allein den klanglichen und emotionalen Wirkungen zuwenden. Rothkos Farbfelder sind lebende Wesen, die er übereinander in einem Art Schwebezustand anordnet und die miteinander in Beziehung treten.

Die Freiheit Rothkos im Kombinieren der Farbtöne kontrastiert fundamental mit der systematischen Erforschung von Farbwirkungen, die Josef Albers unter dem Stichwort „Interaction of Colour" seit den 1930er Jahren vornimmt. In seiner Serie „Homage to the Square" hält er sich strikt an die einmal installierte Anordnung. Seine drei oder vier ineinandergefügten Quadrate folgen in ihrer Farbgebung ästhetischen Regeln. Rothko dagegen improvisiert mit gemischten Farben und lässt sich dabei allein von spontanen Gefühlsregungen leiten.

Rothkos Umgang mit Farben ist nicht kalkuliert, sondern offenbar tief im Existenziellen und Emotionalen verankert. Die Farbklänge, die er erprobt, entsprechen der Überzeugung, dass es keine richtigen und falschen Begegnungen von Farben geben kann. Damit grenzt er sich von anderen ab. Er setzt verschiedene Farbtöne, die einen Grundton variieren, neben-, beziehungsweise aufeinander, wobei die Ränder sich auflösen, so dass es zu einem Vibrieren zwischen den verschiedenen verwandten Klängen kommt. Die Leinwand verliert damit ihre Festigkeit, indem die Farben vor- und zurücktreten und geradezu lebendig erscheinen. Ein gutes Beispiel dafür ist ein Werk Rothkos ganz in Rottönen „ohne Titel" von 1962 in der Staatsgalerie Stuttgart.

Auch liegt es Rothko daran, dass Museen mehrere seiner Bilder zeigen. Es geht ihm um Polyphonie. Auf einer Leinwand treffen verschiedene Farbkombinationen zusammen, in Museen wünsche er sich eine weitergehende Verschmelzung. In Houston / USA befindet sich eine achteckige Rothko-Chapel mit für sie gemalten riesigen hochformatigen Bildtafeln. Hier wird eine vom Künstler gewünschte Installation erlebbar. Der Besuch lädt zum Meditieren ein. Der Betrachter wird gefangen genommen, wenn er in Ruhe dort verweilt. Man könnte von einer im Diesseitigen verhafteten Transzendenz sprechen, die psychisch begründet, nicht an eine Religion gebunden erscheint.

Physiologisch erklärbar ist der Umstand, dass derjenige, der sich ein paar Minuten lang auf eines von Rothkos roten Bildern konzentriert und dann auf die weiße Wand daneben schaut, ein grünes Nachbild des roten Gemäldes erblickt, das das Gehirn an die Wand wirft, ein komplementärer Nachklang, den schon Goethe beschreibt, der sich aber offenbar nur dem Wissenden zeigt.

Mit Josef Albers verbindet ihn das ständige Fragen, das Verweigern letztgültiger Wahrheiten. Es gibt etwas Fluktuierendes im Oeuvre beider Maler, das sie verbindet. Und so passt auch der Begriff der Ikone nicht, die ihrem Wesen nach das Allzeit-Gültige, die Glaubenswahrheit, Orthodoxie verkörpert. Doch haben Rothkos Arbeiten etwas Religiös-Kontemplatives, das sich nicht mit einem Restaurantbetrieb vereinbaren lässt. Er hat einen Zyklus roter, weitgehend monochromer Tafeln für das Restaurant „Four Seasons" in Mies van der Rohes *Seagram Building* in New York gemalt. Doch wird er von Zweifeln überwältigt, seine Bilder als Dekor einer speisenden Klientel zu überlassen. Und so stiftet er sie der Tate Gallery in London. Es ist seine Art, sich gegen die Konsum- und Pop-Welt Amerikas abzugrenzen. Die Tate Gallery kann sich aus Platzgründen allerdings nicht verpflichten, viele Werke Rothkos auszustellen. Man hat sich dann aber geeinigt, einen speziellen Rothko-Raum einzurichten mit den neuen *Seagram*-Gemälden. Es ist die großzügigste Schenkung, die der Künstler zu Lebzeiten einem Museum macht.

„Die Erinnerung an den Künstler, der sich hinter seine letzten, dunklen Bilder wie hinter abschirmende Verbleiungen zurückzog, bleibt von Melancholie umschattet. Eine Art düsterer Energie umgab die Stunden, die im Atelier langsam, in ungewissem Warten dahingingen." (Werner Spies) Dabei hat Rothko in den 1950er Jahren die schönsten

Farbakkorde geschaffen, die eine wunderbare, meditative Ruhe ausstrahlen.

Literatur:

Gottfried Knapp: „Der Mann, der die Farben befreite. Das Gemeentemuseum in Den Haag feiert Mark Rothko mit einer hervorragenden Retrospektive – und stellt seine Werke denen eines anderen Großmeisters der Abstraktion gegenüber: Piet Mondrian" in: SZ 9.12.14

Niklas Maak: „Alles ist erleuchtet. Warum man Mark Rothkos Bilder in Hamburg anschauen muss". in: FAZ 11.5.18

 Werner Spies: „Der Idealist von Manhattan. Eine Reise in das Dunkel der Farbe: Zum hundertsten Geburtstag des Malers Mark Rothko" in: FAZ 25.9.03

G.T.: „Rothkos Gaben: Wieso die Tate ein Geschenk ausschlug" in: FAZ 11.11.08

Barnett Newman (1905-1970)

Der New Yorker Künstler Barnett Newman, eigentlich Barnett Baruch Newman, entstammt einer russisch-jüdischen Emigrantenfamilie. Er studiert zunächst Philosophie und arbeitet in den 1930er Jahren auch als Kunstlehrer an New Yorker High Schools. Erst 1937 wendet er sich voll der Kunst zu, beginnt mit surreal-kalligrafischen Zeichnungen. 1948 gründet er zusammen mit Mark Rothko (1903-1070), Robert Motherwell (1915-1991) und anderen eine Künstlergruppe. Er malt zu der Zeit abstrakt-expressionistische Bilder.

Noch ist er auf der Suche nach seinem Stil, bis er etwa 1948 die Abstraktion weiterführt zur rein strukturellen *Hard Edge*-Malerei. Er muss ordentliche Rückschläge einstecken. Mit dem Kunsthistoriker Erwin Panofsky kommt es zu einer Auseinandersetzung. Heute gilt Newman gilt als ein Hauptvertreter der Farbfeldmalerei, einer Strömung des Abstrakten Expressionismus. Von diesem Ruf ist Newman1950 allerdings noch weit entfernt, nachdem er mit seiner ersten Einzelausstellung nur Hohn und Spott geerntet hat.

Man darf nicht vergessen, dass Newman Philosophie studiert hat und dass hinter dieser äußersten Reduktion Metaphern oder geistige Konzepte stehen. So hat er sich offenbar intensiv mit der Schöpfungsgeschichte des Alten Testaments befasst. An zwei Werken arbeitet er 1950 offenbar parallel. Er nennt sie nach Vollendung „Adam" und „Eva". Letzteres großformatiges Werk (238,8 x 172,1 cm) besteht aus einer unmodulierten monochromen roten Bildfläche, die am rechten Bildrand lediglich durch einen vertikalen dunklen Purpurstreifen abgeschlossen wird. Die Vertikale wirkt als begrenzend, so dass die Farbfläche nicht ins Unendliche ausufert. Rot ist für Newman die Farbe des Erhabenen und dem transzendenten Bereich zugehörig.

In seinem berühmten „Who's Afraid of Red, Yellow and Blue", das in vier Versionen existiert, bemüht er eine vergleichbare Technik. Version II von 1967 (Staatsgalerie Stuttgart) besteht aus einer ebenfalls roten Farbfläche, durch deren Mitte ein dünner blauer Streifen gezogen ist, so dass ein symmetrischer Aufbau entsteht, der durch zwei links und rechts jeweils in geringem Abstand vom Rand gezogene noch dünnere Streifen unterstrichen wird. Die Unterbrechungen werden als zugleich beunruhigend und überwältigend empfunden. 1962 wird das Theaterstück „Who's Afraid of Virginia Woolf?" von Edward Albee uraufgeführt, das wiederum auf das Kinderlied ""Who's Afraid of the big bad wolf?" zurückführt. Das beweist, wie entscheidend ein Bildtitel sein kann. Der Bezug auf die Primärfarben verweist in erster Linie auf Mondrian, der 1949 in New York gestorben ist. Wie er hat auch Newman Klebeband zur Herstellung der geraden Linien benutzt. Die drei Variationen verändern die Verhältnisse der Farbflächen zueinander, behalten aber die drei Grundfarben und die vertikale Gliederung der Farbfelder bei, während Reihenfolge und Breite der einzelnen Farbfelder variieren.

Rupprecht Geiger (1908-2009)

Seine fast monochromen Bilder der 1960er Jahre erinnern an Mark Rothko. In noch viel ausschließlicherem Maße werden Geigers Bilder vom Thema Farbe beherrscht. Doch ist er studierter Architekt und hat von 1949 bis 1962 auch als solcher gearbeitet. Während seines kriegsbedingten Aufenthalts in Russland ist er dem Suprematismus begegnet und hat sich von da an autodidaktisch mit Malerei beschäftigt. In den Jahren 1943 und 1944 ist er Kriegsmaler in der Ukraine und in Griechenland.

Nach dem Krieg gründet er zusammen mit anderen, darunter Fritz Winter, in München die Gruppe „Zen 49". Geiger wird zum Minimalisten, indem er Farbe als autonomen Wert betrachtet und damit den Objektcharakter des Bildes ignoriert. Zu Anfang in den Jahren 1948 und 1949 entwickelt er die „Shaped Canvases" (unregelmäßige Formate der Leinwände), die das Rechteck vermeiden. Er nimmt damit spätere Bildfindungen amerikanischer Maler wie Frank Stella in gewisser Weise vorweg. In den 1950er Jahren lösen modulierte Tonwerte und Farbschleier geometrische Grundformen auf. Die Farbe wird nun zum alleinigen Motiv und steht für eine geistige Welt, ganz im Sinne von Kandinsky und Klee. Sie nimmt einen meditativen Charakter an, ist Licht, Raum, und Bewegung zugleich. Hier ist die Nähe zu Mark Rothko erreicht. Rasch wird Rot zur entscheidenden Farbe. Sie stehe für „Leben, Energie, Potenz, Macht, Liebe, Wärme, Kraft", sagt Geiger. Er wendet sich nun wieder den geometrischen Grundformen zu: Rechteck, Quadrat, Kreis und Oval. Er arbeitet mit leuchtenden, fluoreszierenden Farben und sucht den Kontrast. Ein gutes Beispiel hierfür ist "2 x Rot" (1965), ein zweimal zwei Meter großes Ölbild in der Münchner Pinakothek der Moderne. Es ist ein nahezu monochromes Bild, das er in zwei ungleich große Flächen von warmem und kaltem Rot aufteilt und einen diffusen Farbraum kreiert, der einen großen weiten Himmel über einem schmalen Horizont ausbreitet. An der Grenze der beiden Farbzonen verdichtet sich das dunkle Rot und greift wolkig auf den Bodenstreifen über, der dadurch aufleuchtet. Die aufgesprühte Farbe scheint zu vibrieren, einen immateriellen Raum zu öffnen. [16]

---

[16] Pinakothek der Moderne (Katalog / Dumont 2002), Hrsg. Carla Schulz-Hoffmann, S.122

Gotthard Graubner (1930-2013)

Gotthard Graubner: fructosus (2008-09)

Acryl und Mischtechnik auf Leinwand auf Synthetikwatte
(255 x 252 x 11 cm)

Es handelt sich um Farbfeldmalerei, was Gotthard Graubner präsentiert, doch geht er in seinen Werken darüber
hinaus, indem seine quadratischen „Kissenbilder" in den
Raum greifen. Sie schwellen an und scheinen wie farbige
Lungen zu atmen, darum spricht er auch von „Farbraum-
körpern". In „fructuosus" ist es in der Tat fruchtiges Weinrot,
das in einer großformatigen, gepolsterten Leinwand, gleich
einer ausufernden Wolke, dem Betrachtenden entge-
gentritt. Sein künstlerisches Thema ist dem Eigenleben der
Farbe verpflichtet. Sie soll nur sich selbst darstellen und nicht
länger durch Binnenstrukturen oder Bildformat begrenzt
werden. In der Verbindung von zahlreichen Schichten und
wattiertem Bildgrund entfalten Graubners „Farbkörper"
spirituelle Qualitäten. Seine Bilder wollen nur Farbe
darstellen, sind monochrom mit feinen Farbnuancen, die
sich wie Schlieren nebelhaft über der Oberfläche ausbrei-
ten.

Gotthard Graubner hat den Düsseldorfer Kunstsammler
Karl-Heinrich Müller dabei beraten, dessen 1982 erworbene
Insel Hombroich, einen verwilderten Park an der Erft bei
Neuss, in ein Natur und Kunst verbindendes Museumsgelän-
de zu verwandeln. [17]

---

[17] Mehr zu Graubner im Kapitel zur Museumsinsel Hombroich
S.174ff.

Bernd Berner (1930 – 2002)

Bernd Berner gehört er zur sogenannten weißen Jugend. Als der Krieg zu Ende ist, ist er 15 Jahre alt, nicht mehr am Krieg beteiligt, und doch mit der Kriegserfahrung eines schwer vom Krieg betroffenen Hamburg aufgewachsen. 1957 lernt er in Stuttgart Willi Baumeister kennen, dessen imaginäre Bilder und skriptorale Bildsprache ihn beeindrucken. Er wendet sich ab vom damals tonangebenden gestischen Informel. Doch bleibt er bei der Abstraktion, indem er die Farbe selbst zum Bildgegenstand macht. Insofern steht er indirekt über Willi Baumeister in der Tradition von Adolf Hölzel. Er wendet sich raumhaltigen Situationen zu, pendelt zwischen einer Struktur aus kürzelhaftem, punktuellem Farbauftrag und reinen Farbfeldern. „Spuren auf Blau" von 1958 zeigt ein strukturiertes Feld, das wie eine Planskizze wirkt für das, was kommt. Sechs Jahre später (1963) füllt ein dunkelblau marmoriert strukturierter „Flächenraum" ein vertikales Dreieck. 1965/66 platziert er auf hellem Grund eine angeschnittene, annährend runde rote Fläche, die ins Violette ausapert. Eine ebenfalls unbetitelte Arbeit von 1966 zeigt eine Scheibe aus einem Rot, das mit viel Schwarz eingedunkelt ist und auf einem warmen roten Rechteck liegt. Das Bild weist eine ähnlich vibrierende Wirkung auf wie ein Bild von Mark Rothko, und doch spricht es eine kraftvollere Sprache.

Noch 1988 lässt er einen solchen kreisförmigen „Flächenraum" oben und seitlich blau beschatten, während nach unten hin bunte Fäden in Strängen ausfließen. Solche Farbrinnsale brechen nun die oft strenge geometrische Komposition auf. Man kann versucht sein, das kosmische

Himmelsblau mit einer bunten Erde konfrontiert zu sehen. Ab 1985 sind seine Arbeiten ohne Titel und gleichen immer stärker textilen, stark strukturierten Flächen, oft in roten oder blauen Tönen. 1889 fließen Farben aus einem roten Ball nach unten, während kleine konfettiartige Punkte ausgestreut werden. 1990 stellt er ein dunkelblaues Quadrat auf die Spitze. Unzählige übereinander gelegte Farbschichten erzeugen Schwingungen und bilden einen Tiefenraum.

Die farbigen Flächen erinnern an Rothko, doch ist eine haptische Struktur der leicht variierenden Farbe nicht zu übersehen, wodurch die Fläche sich dem Raum annähert. Er nennt diese Bilder adäquat „Flächenräume" ohne weitere Spezifizierung. Diese „Flächenräume" werden immer wieder eingegrenzt durch Kreis oder Quadrat. Während die Flächen bei Rothko vibrieren, aber klar begrenzt sind, fransen sie bei Berner aus, zerfließen, tropfen mehrfarbig aus der Form. Schließlich verlassen sie als Linien den Kreis, zer-„Federn". Es kommt zu Störungen, Spaltungen. Nun werden aus der Pop Art entnommene Formen diesen Figuren unterlegt. Bernd Berners Bilder strahlen Ruhe aus, er spricht von Stille, und doch vermitteln sie eine Ahnung, was unter der Haut sein könnte. „…Was mir wichtiger erscheint, ist, dass Kunst allen (auch optischen) Überfütterungen unserer Zeit ein kontemplatives ‚Gegenüber' anbietet. Auch Kunst beunruhigt, stört, verletzt, führt aber – im besten Fall – den Menschen zu sich selbst, da ich dem Lauten misstraue, geht es mir um die Stille – welche sich manchmal als scheinbar zeigt." (Bernd Berner, 1994)

Hinsichtlich der Zuwendung zu den geometrischen Grundformen von Kreis und Quadrat lässt sich Berner auch in der

Nachfolge des Bauhauses betrachten. In der Auseinandersetzung mit der Farbe als dem Gegenstand der Malerei führt eine Spur über Willi Baumeister und Adolf Hölzel zu den Malern des Bauhauses, wobei die Nähe zu Rothko und Graubner deutlicher ins Auge fällt.

Richard Anuszkiewicz (* 1930)

Richard Anuszkiewicz ist ein amerikanischer Maler, der von polnischen Einwanderern abstammt und der von 1953 bis 1955 an der Yale University School of Art and Architecture in New Haven, Connecticut bei Josef Albers studiert und mit dem *Master of Fine Arts* und als Meisterschüler von Josef Albers abschließt. Er gehört zu den Vertretern einer „Geometric Abstraction in America", die 1962 im Whitney Museum of American Art, New York, ausstellt. Er befasst sich mit den optischen Veränderungen, die auftreten, wenn verschiedene Farben mit hoher Intensität und den gleichen geometrischen Konfigurationen auftreten. Die meisten seiner Arbeiten sind visuelle Untersuchungen von formalen Struktur- und Farb-Effekten. Er lässt sich in die Untersuchungen einordnen, die Josef Albers in seiner Serie „Homage to the Square" verfolgt. Richard Anuszkiewicz sieht sich aber doch als eine Art Grenzgänger, wenn er sagt: „Ich bin daran interessiert, der sehr, sehr mechanistischen Geometrie etwas Romantisches abzugewinnen." Es geht ihm also um eine Romantisierung der Geometrie. Aus der strengen Versuchsausrichtung erwächst wieder das

Weiche, das Gefühle anspricht, der Meditation nahe steht. Und da sind wir wieder bei Mark Rothko.

In „Ausgeblichenes Orange" von 1968 füllt er in ein Quadrat 4 x 5 Rechtecke, die jeweils von einem fein strukturierten Quadrat in der Mitte ausgehen, um unmerklich in ein Rechteck überzuwechseln. Der Betrachter hat den Eindruck einer vibrierenden Bewegung, eines Flimmerns, das Licht und Luft suggeriert und einem von Orange ausgehenden Farbverlauf ins helle Rot folgt. Die Farbfolge führt zu einem allmählichen Verdichten der Farbe. Dabei stabilisiert das Gittermuster den Farbverlauf. OP-Art entsteht aus dem Experimentieren, das auch in Yale, wo Josef Albers unterrichtet, eine beträchtliche Rolle spielt.

Kunstmuseen in der Nachfolge des Bauhauses

Lehmbruck-Museum in Duisburg

Das schon heute unter Denkmalschutz gestellte Lehmbruck-Museum gehört ohne Zweifel zu den hervorragenden Leistungen der deutschen Museumsarchitektur. Errichtet wurde der Gebäudekomplex von 1959 bis 1964 durch den Architekten Manfred Lehmbruck, den Sohn des Bildhauers Wilhelm Lehmbruck. 1987 kann der Komplex von der Architektengemeinschaft Lehmbruck / Hänsch räumlich verdoppelt werden. Ein von hohen Glaswänden eingeschlossener „Großraum" bietet im Rückblick auf Mies van der Rohes Skelettbauweise fließende Räumlichkeiten für die Sammlungen der Skulptur und der Malerei. Im Gegensatz zu der transparenten Hallenkonstruktion setzt der Architekt für das Lebenswerk seines Vaters einen plastisch durchgliederten und betont nach innen gewandten Stahlbetonbau um, der sich tief in die Erde eingräbt und an seinen Nahtstellen mit wandhohen Fenstern zum Kant-Park hin öffnet, der 1990 zum Skulpturenpark umgewandelt wurde. Die dort ausgestellten Skulpturen vermitteln zwischen der geometrisch klaren Architektur des Gebäudes und den fließenden Formen der Natur. Hinter den großen Fenstern erhalten Skulpturen die Qualität von Schattenrissen vor einer hellen Wand, darüber spiegeln sich die Baumkronen des Parks.

Reuchlin-Museum in Pforzheim

Die Architektur des Reuchlinhauses von Manfred Lehmbruck (1961) steht ebenfalls unter dem Einfluss von Mies van der Rohe und ist als Hommage an ihn gedacht. Der Stil ist international und folgt dem Quadrat als Basiskonzept, also auch dem Einfluss des Bauhauses. Das Gebäude wurde als städtisches Kulturzentrum errichtet und beherbergt heute u.a. das Schmuckmuseum.

Das Reuchlin-Denkmal im Skulpturenpark um das Museum ist ein durchbrochener Kubus mit vier Eingängen, die für vier Sprachen stehen: Griechisch, Hebräisch, Deutsch und Lateinisch, die Reuchlin beherrschte. Der Innenraum symbolisiert Reuchlins Bibliothek. Die äußeren Wände zeigen in waagrechten Bildreihen auf der ersten Ebene: Zeitzeugnisse, auf der zweiten Zeitgenossen von Reuchlin, auf der dritten Zeitzeichen und auf der vierten: heutige Stadtbilder. Die vier Ebenen werden von einer Weltkarte der Zeit Reuchlins von 1520 ergänzt.

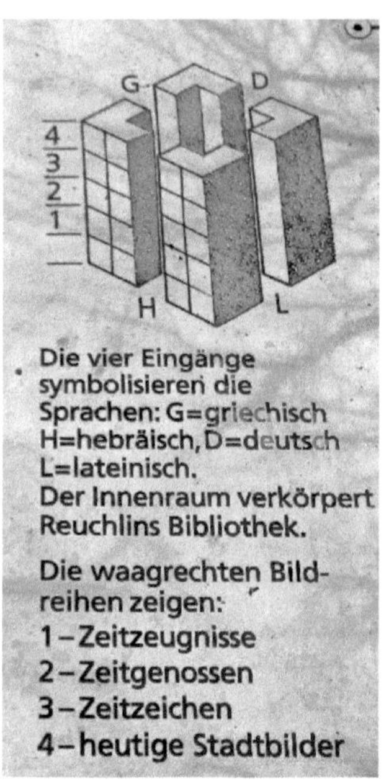

Die vier Eingänge
symbolisieren die
Sprachen: G=griechisch
H=hebräisch, D=deutsch
L=lateinisch.
Der Innenraum verkörpert
Reuchlins Bibliothek.

Die waagrechten Bild-
reihen zeigen:
1 – Zeitzeugnisse
2 – Zeitgenossen
3 – Zeitzeichen
4 – heutige Stadtbilder

Josef Albers Museum. Quadrat Bottrop.

Das Museum „Quadrat Bottrop" ist dem Maler, Farbtheo-
retiker und Bauhausmeister Josef Albers gewidmet, der
1888 in Bottrop geboren ist. In seiner baulichen Form greift
der von Bernhard Küppers geplante Museumsbau (1983)
die Form des Quadrats im Quadrat auf. Die streng geglie-
derten Räume nehmen Bezug auf seine Serie, die er 1950 in
USA begann: „Homage to the Square". Glas, Stahl und bewegliche Wandscheiben erinnern an die Errungenschaften

des Bauhauses, an dem Albers zunächst als Student und dann als Meister tätig war. Das Gebäude reflektiert seine künstlerische Entwicklung, verbindet Biographisches mit der Werkgeschichte. Die stimmigen Raumproportionen werden unterstützt durch das Tageslicht, das durch die großflächigen Fenster strömt. Wie in Pforzheim öffnen sie den Blick in den umliegenden Park mit seinen Skulpturen.

Museum Insel Hombroich

Das Museum „Insel Hombroich" folgt dem Konzept des Malers Gotthard Graubner, von dem schon die Rede war. Die Präsentation will Kunst und Kulturgegenstände aus zwei Jahrtausenden miteinander in Dialog treten lassen und dabei die umgebende Natur einbeziehen. Die architektonische Planung liegt in den Händen des Düsseldorfer Bildhauers Erwin Heerich. In der ersten Bauphase entstehen im historischen Park eine Orangerie, der *Graubner- Pavillon* und die *Hohe Galerie*. Nachdem ein weiteres, größeres Areal rekultiviert und dem Landschaftspark hinzugefügt ist, entstehen neben im Grünen aufgestellten Plastiken zehn von Erwin Heerich entworfene und von dem Düsseldorfer Architekten Hermann H. Müller ausgeführte „begehbare skulpturale Architekturen", wie der *Turm*, das *Labyrinth*, die *Schnecke*, das *Zwölf-Räume-Haus*.

Während in einigen Bauten die Kunstsammlung Karl-Heinrich Müllers untergebracht ist, fungieren andere als begehbare Skulpturen. Ausgehend von einfachen geometrischen Grundformen wie Kreis, Rechteck und Quadrat entstehen dezentrale Ausstellungsräume für Müllers Sammlungen. Die Exponate sind, anders als es gängige Praxis ist, nicht chronologisch oder nach Stilrichtungen angeordnet, vielmehr hat Graubner in den verschiedenen Räumen zwischen traditioneller asiatischer und moderner europäischer Kunst einen Dialog angelegt. Im verwinkelten *Labyrinth* stehen Skulpturen aus dem alten China vor abstrakter Farbfeldmalerei aus dem 20. Jahrhundert. Es gibt weder Hinweise auf die Künstler, noch sonstige Erklärungen. Der Besucher soll sich intuitiv auf die Kunstwerke einlassen.

Erwin Heerich geht ursprünglich von alltäglichen Gegenständen aus, die er in geometrische Körper verwandelt, in Hombroich gilt sein Interesse dem Architektonischen. Er unterwirft seine skulpturalen Bauten klaren Proportionen. Als Material für seine Entwürfe benutzte er Pappe. Aus rationalen Ansätzen werden sinnlich erfahrbare Raumkonzepte. Es geht im Museum „Insel Hombroich" darum, Natur, Kunst und Architektur zu einem Gesamtkunstwerk werden zu lassen.

Die einzelnen Bauten und Pavillons folgen geometrischen Grund- und Aufrissen. So hat der *Turm* eine klare quadratische Raumaufteilung. In seinem Kubus sind quadratische Körper wie in eine Plastik eingebunden. Man könnte an die Baukastenmodule eines Walter Gropius denken. Heerich hat die Vorstellungen des Bauhauses über ein halbes Jahrhundert später in seine eigene Sprache übersetzt. Für Skulpturen im Park hat der Künstler ähnliche kubische Konzepte entwickelt wie für seine Bauten. Im *Graubner-Pavillion*, der zweiten begehbaren Skulptur ohne Werke aus der Kunstsammlung, greifen zwei runde Formen ineinander. Es sind zwei ineinandergeschobene Zylinder. Der Durchmesser des größeren Zylinders beträgt zwölf Meter, der des kleineren sechs Meter. Beide Räume weisen dieselbe Höhe von fünf Metern auf. Der große Zylinder besteht aus massivem Mauerwerk, der kleine ist eine filigrane Stahl-Glas-Konstruktion. Der Besucher betritt die Skulptur im gemauerten Bereich, wobei die Tür in die Rundung eingepasst ist. Im kleineren gläsernen Zylinder ist der Besucher beinahe vollkommen von Natur umgeben. Der Innenraum ist im Übrigen von Gotthard Graubner ausgemalt. Die *Schnecke* hat ein Dreieck in der Mitte und gleicht einer eher kantigen Skulptur. Das *Labyrinth* präsentiert eine verwinkelte Raumstruktur.

Das neueste architektonische Exponat der Insel Hombroich ist ein ganz besonderes Teehaus des japanischen Künstlers Terunobu Fujimori. Es steht versteckt zwischen hochgewachsenen Kiefern und scheint über sieben knorrigen, windschiefen Robinienstämmen zu schweben. Es gleicht einem geflügelten Vogelhaus, allerdings mit einem verglasten Einflugloch. Das in Quadrate aufgeteilte, bleiverglaste Fenster lässt sich öffnen, indem man es in die seitlichen Flügel schiebt, die das Teehaus tatsächlich als mit Schwingen versehen erscheinen lassen. Es ist ein pechschwarzes Gebilde. Da das Holz abgefackelt wurde, ist es resistent gegen Schädlingsbefall. „Yakisugi" nennen die Japaner die Kunst des gezielten Verkohlens, so dass die Fassaden ohne chemische Hilfsmittel der Konservierung auskommen. Auf diese Weise werde das Holz veredelt, erklärt der jetzt für Hombroich zuständige Architekt Frank Boehm. Die Baumstämme, die das Haus tragen wurden einbetoniert, damit sie sich nicht mit Wasser vollsaugen.

Eine Stahltrepe führt nach oben. Laura Weissmüller führt an, dass der Architekt seine Häuser gerne zu Bäumen in Bezug setzt. Ihm gehe es um „die Essenz der Architektur, ihren Ursprung." Das fügt sich zum Leitmotiv des Inselgründers Karl-Heinrich Müller, „Kunst parallel zur Natur" zu sehen. [18]

Kunstmuseum Stuttgart

Das Kunstmuseum Stuttgart ersetzt das 1963 abgebrochene Kronprinzenpalais und beherbergt die städtische Sammlung, ausgehend vom 19. Jahrhundert bis zur aktuellen zeitgenössischen Kunst, auf der der Schwerpunkt liegt. Es folgt dem Entwurf der Berliner Architekten Hascher und Jehle und stellt einen gläsernen Würfel dar, der seine Umgebung spiegelt. Nachts werden die beleuchteten Kalksteinwände im Innern sichtbar. Es handelt sich um Natursteine, unregelmäßige Krustenplatten mit farblichen mineralischen Oxidationen, mit denen der Besucher auf den linker Hand die Glaswand begleitenden Treppen konfrontiert wird und die im Kontrast zu der gläsernen Hülle stehen. Auf der vorderen Glaswand werden die Ausstellungen in großen Lettern beworben, die sich gut in die Architektur einfügen.

---

[18]Laura Weissmüller: „Rückwärtsblickend vorwärts schreiten. Stelzentier im Wald" in: SZ 12.10.20

Alexander Calder,
„Crinkly avec disc rouge"
vor dem Kunstmuseum

„Louisiana" und Alexander Calder (1898-1976)

Auf dem Schlossplatz vor dem gläsernen Kubus des Kunstmuseums in Stuttgart steht ein Mobile „Crinkly avec disc rouge" des Künstlers Alexander Calder. Er stammt aus einer amerikanischen Bildhauerfamilie. In Paris lernt er Piet Mondrian kennen, der ihm die Anregung zu den Mobiles gibt, die ihn berühmt machen. Der Begriff *Mobile* stammt allerdings von Marcel Duchamp. Jedenfalls handelt es sich um kinetische Kunst. Diese beweglichen Kunstwerke unterliegen scheinbar nicht der Schwerkraft, haben etwas Leichtes, geradezu Verspieltes. Mobiles finden sich heute wohl zurecht in jedem Kinderzimmer. Im Jahr 1932 tritt Calder der Künstlergruppe *Abstraction-Création* bei. Abstrakt sind auch Calders im Boden verankerte Skulpturen, wie sie im Skulpturenpark des Kunstmuseums „Louisiana" nördlich von Kopenhagen stehen. Obwohl sie Titel haben wie „Almost Snow Plough" (1964-76) und „Slender Ribs" (1963), stehen sie wie schwarze Segel am Ufer des Øresund. Hier befindet sich Calder auch in der Gesellschaft von Werken seiner Freunde Miró, Serra, Jean Arp und Louise Bourgeois. Gerade der Spanier Miró bringt mit seinen Bildern und Skulpturen ähnliche Saiten zum Schwingen wie Calders Mobiles. „Louisiana", das Museum für Kunst nach1945, hebt mit seinen Glasfronten die Grenzen zwischen innen und außen auf – ist ein Beispiel für geglückte Museumsarchitektur.

Alexander Calder: „Almost Snow Plough" (1964-76) und „"Slender Ribs" (1963)

Museum Ritter

Das Museum Ritter in Waldenbuch in der Nähe von Stuttgart ist ein völlig andersartiger Bau. Der Kalkstein des gläsernen Kubus ist hier kompakter und nach außen gekehrt. Das Gebäude grenzt an die Schokoladenfabrik „Ritter Sport". Die Enkelin des Gründers hat für ihre „quadratische" Sammlung ein Museum errichten lassen. Der Entwurf stammt von dem Schweizer Max Dudler (* 1949). Er ist in den 1970er Jahren Student an der Städelschule in Frankfurt, steigt dann 1981 bei Oswald Mathias Ungers ein, was offenbar einen prägenden Einfluss hinterlassen hat.

Oswald Mathias Ungers (1926-2007) studiert von 1947 bis 1950 an der Technischen Hochschule Karlsruhe bei Egon Eiermann Architektur. Er gründet mehrere Architekturbüros in deutschen Städten, lehrt an der Technischen Universität

Berlin, wo er auch Dekan ist, verabschiedet sich dann für ein Jahrzehnt nach USA, unterrichtet u.a. an der Cornell University in Ithaka und in Harvard. Seine Architektur zeichnet sich aus durch strenge geometrische Raster. Gestalterische Elemente sind Grundformen wie Quadrat und Kreis, bzw. Kubus und Kugel, die er in Variationen zur Anwendung bringt, transformiert. Seine historischen Vorbilder kommen hauptsächlich aus der römisch-griechischen Antike, die er allerdings lediglich zum Ausgangspunkt macht und dann weiterentwickelt. Er sieht in Gebäuden wie dem Parthenon in Athen (447-438 v.Chr.) oder dem Pantheon in Rom (118-128 n.Chr.) die Gestalt einer allgemein menschlichen Ordnung. Einer seiner Schüler ist, wie gesagt, Max Dudler. [19]

Max Dudler hat die Liebe zum Quadrat von seinem Lehrmeister übernommen. Und so mag ihm der Auftrag von Marli Ritter-Hoppe nicht ungelegen gekommen sein. Ihre Sammlung, in eine Stiftung überführt, widmet sich dem Quadrat und damit der konstruktiv-konkreten Gegenwartskunst. Die Geometrie bestimmt die Sammlung und die Präsentationen, und das Gebäude spiegelt das Programm. Max Dudler hat den zweigeteilten Bau entworfen und zur Ausführung gebracht. Eine breite Passage in der Mitte trennt zwei kubische Flügel, die sich zur offenen Landschaft hin durch schräge Wände weiten. Die flächigen Fassaden sind aus hellem, warm getöntem Jurakalk. Große Fenster durchbrechen die sonst ungegliederten Fassaden, belassen dem Bau seinen ruhigen, monolithischen Charakter. Der Durchgang, der die Höhe des Gebäudes abbildet,

---

[19] Zum Pantheon in Rom siehe: Ingeborg Bauer Der Goldene Schnitt Teil I (Norderstedt 2020)

verbindet die wenig ästhetische Kleinteiligkeit des Fabrikgeländes auf der einen Seite mit der ländlichen Wald- und Wiesenlandschaft des Schönbuchs auf der Eingangsseite. Die großen Fenster schaffen den Übergang von Drinnen und Draußen, von Kunst und Natur.

Einige Künstler der Sammlung sollen kurz erwähnt werden:

Waltraud Cooper (* 1937) passt ihr „Lichtquadrat" (2006) dem Thema des Hauses und dem subtilen Spiel des Architekten mit der geometrischen Form an. Ihre Lichtinstallation ist ein leicht gekipptes Quadrat mit farbig wechselnden Umrisslinien, das mit seinen Ecken die Grenzlinien der Fassade und der Passage berührt.

Die älteste Arbeit in der Sammlung ist eine kleine Bleistiftzeichnung von Malewitsch aus dem Jahr 1905, dem Schöpfer des „Schwarzen Quadrats". Mit El Lissitzky ist ein anderer Russe zu sehen, sowie ein Werk aus Josef Albers Serie „Homage to the Square": „Pronounced" von 1961. Es ist erstaunlich, welche Vielfalt sich aus der einfachen geometrischen Grundform entwickeln lässt.

Adolf Fleischmann (1892-1968) ist Schüler Adolf Hölzels in Stuttgart. Er entzieht sich den Nationalsozialisten und geht nach Paris. Dort trifft er 1934 auf Robert Delaunay und gestaltet nun Bilder mit flächenfüllenden Farbklängen, die auf jeglichen Symbolgehalt verzichten. Seine Abstraktion führt ihn zum Konstruktivismus. In den 1960er Jahren entwickelt er seine spezifischen aus horizontalen oder vertikalen Streifen zusammengesetzten Patchwork-Muster, woraus er farblich differenzierende Kompositionen schafft, die er rhythmisch gruppiert. In dem früheren Werk aus seiner ersten konstruktiven Phase, als er unter dem Einfluss von Robert Delaunay steht, wie in „O.T. (B 43,11) von 1943, kommt es zu flächenfüllenden Farbklängen und einer spannungsreichen Formgebung. Die dynamische Komposition zeichnet sich durch eine auf- und absteigende Bewegung aus. Durch Farbüberschneidungen kommt es zu quadratischen Figuren, wobei Blau hervorsticht unter Gelb, Weiß, Schwarz und Grau.

Carl Buchheister (1890-1964) kommt nach dem Ersten Weltkrieg unter den Einfluss von Kandinsky und Miró. Ab 1925 malt er konstruktivistische Bilder. Er erhält eine Einzelausstellung in Herwarth Waldens Galerie „Sturm". Ziel seiner Kunst ist die Schaffung eines neuen Menschen. Damit steht er zu seiner Zeit nicht allein. In „Komposition blaues Quadrat (1926) – im Rittermuseum ist eine Kopie von 1933 ausgestellt – werden verschieden große Quadrate in Blautönen, in Schwarz und Grau mit größeren weißen Quadraten kompositorisch verbunden, wobei das Blau, obwohl von der Quantität dem Weiß unterlegen, die Struktur bestimmt. Das Ganze ruht auf grauem Grund.

Hans Peter Reuter (*1942) schafft illusionistische Bildräume, die fast ausschließlich auf quadratischen Rastern beruhen. Die Bilder werden modelliert durch die Perspektive der Rasterung, sowie durch Licht und Schatten. „Schokoladenblau" (6/2/7, 2006) gleicht formal einer Tafel „Ritter Sport" in Ultramarin. Die Farbe ist für ihn „das habhafteste, pulsierendste Blau, weil es „den höchstmöglichen Rotanteil hat, bei gleichzeitiger Tendenz zur Ruhe und Kontemplation." Durch unterschiedliche Mischverhältnisse von Farbpulver, Bindemittel und Wasser erreicht er Nuancen. Ähnlich wie Yves Klein hat er Blau zu seinem zentralen Motiv gemacht, und diese Raster überträgt er in nuancierten Abstufungen auf Kacheln und Fliesen. Anders als bei der Schokolade wird der Betrachter in diese blauen Räume hineingezogen, ein Beispiel dafür ist: „Blauer Raum 3/11/3, 2003". „FLIRR MALEWITSCH 4/7/2, 2004" multipliziert das Quadrat, das in unterschiedlichen Formaten rhythmisch über weißem Grund zu schweben scheint. In „KIRR 6/3/10, 2006" sind es ultramarine kubische Raumkörper, meist Würfel, die sich schwerelos und scheinbar chaotisch in einem dunkleren ultramarinen Raum bewegen. Verdichtet erscheint dasselbe Prinzip in „Blaukissen 9/1/3, 2009" auf wiederum quadratischem Grund.

Günther Uecker (* 1930) ist bekannt durch seine seit 1956/57 entstandenen Nagelbilder. Er schlägt lange spitze Nägel in Reih und Glied auf Holzträger, wobei die Ausrichtung der eingeschlagenen Nägel u.a. spiralige Muster ergeben, in jedem Fall eine vom Licht modulierte Struktur, so dass eine kontrollierte Dynamik der Bewegung entsteht. Häufig benutzt er das Quadrat, aber auch den Kreis, den er dann u.U. auf einer quadratischen Fläche positioniert. Anfang der 1960er Jahre geht er dazu über, Alltagsgegenstände mit Nagelreliefs zu versehen. Mit seinen Nagelreliefs ersetzt er das traditionelle Tafelbild durch ein Materialobjekt. 1991-92 entsteht ein klassisches Nagelbild, die „Weiße Spirale". Auf weiß-beigem Grund werfen die mit weißer Farbe beworfenen Nägel ihre Schatten. Diese großartig in sich verflochtene, kreisende Bewegung, die mehrere Spiralen umfasst, ruht in einer quadratischen Form, ufert so nicht aus ins Grenzenlose, sondern wird gehalten. 1961 tritt er der Gruppe *Zero* bei, die Heinz Mack und Otto Piene 1958 gegründet haben. Sie schaffen lichtkinetische Objekte, die auf Konzepten von Mondrian und Malewitsch aufbauen. Malewitsch hat schon in den 1920er Jahren eine Zeitschrift dieses Namens herausgegeben. Auch er wollte neu beginnen. Das Manifest von Piene, Mack und Uecker erinnert an die große Zeit des *Dada*, sagt Kia Vahland und zitiert: „Zero ist die Stille. Zero ist der Anfang. Zero ist rund. Zero dreht sich. Zero ist der Mond. Zero ist die Sonne. [...] Zero fließt. Das Auge Zero." [20] Ueckers Kunst umfasst die Bewegung. In „Kosmische Vision" zeigt er drehende, leuchtende Scheiben, auf denen die schräg eingeschlagenen Nägel Schatten werfen.

Klaus Staudt (*1932) gehört zu den Vertretern konstruktiv-konkreten Kunstschaffens. Bevorzugt arbeitet er mit der quadratischen Grundfläche, die sich wie keine andere gleichmäßig strukturieren und rastern lässt. Zu Beginn seiner Laufbahn war er von der Gruppe *Zero* beeinflusst. Mathematische Gesetzmäßigkeit und systematische Kombinatorik führen zu Werken wie „Periphere Verdichtung" von 1965/67, wo das Quadrat die Stabilität abgibt für eine zunächst chaotische Durchmischung und die im Titel benannte Verdichtung des vorgegebenen Rasters.

Vera Molnár (*1924) ist eine französische Medienkünstlerin ungarischer Herkunft. 1947 kommt sie nach Paris. Ihre Malerei ist geometrisch-konstruktiv. Ende der 1960er Jahre

---

[20] Kia Vahland in: SZ 31.3.15

beginnt sie mit der Arbeit am Computer. Sie verwendet Computerprogramme als künstlerisches Medium, um formale Systeme und Zufallsgeneratoren zu entwickeln, die als bestimmende Syntax den Formen, Linien und Farbwerten ihres zeichnerischen und malerischen Werks zugrunde liegen. Ihre seriellen Arbeiten beschränken sich auf wenige Formen und eine reduzierte Farbpalette. Es kommt zu einer seriellen Aneinanderreihung von Kreis und Quadrat, die sie wie in „Dispersées par le vent" (1999) systematisch auf einer in vier gleichgroße Quadrate unterteilten Fläche verteilt. Neun rote Quadrate, die unter das Achsenkreuz der Basis zu liegen kommen, überlappen einander und verteilen sich in einer linearen Bewegung von oben links nach unten rechts, wobei die Überschneidungen größer oder nur minimal sind, das oberste und die beiden unteren Quadrate angeschnitten werden. Wie für Paul Klee ist die Linie für Vera Molnár immer auch Bewegung („Promenade en carré"), die hier von großer Harmonie begleitet wird.

Literatur:

Dieter Bartetzko, „Raffaels Traum": In Waldenbuch bei Stuttgart schafft der Architekt Max Dudler Platz für die Kunstsammlung von Marli Hoppe-Ritter" in: FAZ 15.09.2005

Amber Sayah, „Noch ein Kunstkubus, aber diesmal aus Stein. In Waldenbuch wird morgen das Museum Ritter eröffnet – eine Sammlung im Zeichen des Quadrats" in: StZ 17.09.2005

Skulptur des 20. Jahrhunderts

Hannsjörg Voth: Land-Art in der marokkanischen Wüste

„In der Wüste gibt's eine Unendlichkeit, wo du einfach keine Ablenkung hast. Ich arbeite da schon, aber die Zeit ist ausgeschaltet. Das ist eigentlich das Schöne, da wird man sehr, sehr alt, weil die Zeit nicht mehr existiert."
Hannsjörg Voth

Im Hohen Atlas Marokkos sind die traditionellen befestigten Siedlungen, die Ksour und Kasbahs, noch präsent. Es sind Bauten aus meist gestampftem Lehm, der an der Luft getrocknet wird. Lehm ist das Material der Gegend und, wie in Teil I von *Der Goldene Schnitt* ausgeführt, auch ökologisch von Vorteil. Hannsjörg Voth hat diese Vorbilder vor Augen, wenn er seine Kunst in eine solche Landschaft stellt. Seine erste Erdskulptur liegt in der Marha-Ebene in Marokkos Wüstenlandschaft.

„Die Himmelstreppe" (1985-1987)

Die „Himmelstreppe", gebaut in den Jahren 1985 bis 1987, steht innerhalb eines großen Steinkreises und besteht aus einem 23 Meter hohen, rechtwinkligen Dreieckskörper. 52 Treppenstufen, die sich nach oben verjüngen, führen zu einer Plattform, die vier Meter unterhalb der Spitze des Bauwerks liegt. Dort sind zwei untereinander liegende Wohn-

und Arbeitsräume entstanden. Hier steht die von außen nicht sichtbare, dem Mythos entnommene Skulptur „Ikarus" mit zwei Flügeln von einer Spannweite von 3,50 Metern. Das Gefieder besteht aus handgeschmiedeten messerscharfen Klingen. Dieser Vogel wird sich wohl kaum erheben. Ob damit die Botschaft verbunden ist, dass diese Rampe zum Himmel ihre Funktion nicht zu erfüllen vermag? Ein neuerdings versuchter Turmbau zu Babel? Stufen, die direkt in den Himmel zu führen scheinen, haben etwas Faszinierendes, und der Kontrast eines solchen leiterartigen, steil nach oben führenden Bauwerks zu der eintönigen, flachen Wüstenei drumherum könnte nicht größer sein.

„Stadt des Orion" (1998-2003)

In derselben Gegend hat der Künstler seine „Stadt des Orion" von 1998 bis 2003 errichtet. Es ist ein komplexeres Bauwerk aus 24 Bauelementen, das die Fläche eines Fußballfelds einnimmt. Voth hat hier maßstabgerecht das Sternbild des „Orion" abgebildet. Ein uralter Mythos verbirgt sich hinter dem Namen. Er ist nach dem Gilgamesch-Epos ein Gigant, in Homers „Odyssee" wird er als Halbgott beschrieben, ein mythischer Jäger, was man in dem Sternbild mit etwas Phantasie ausmachen kann. Für die vor allem im Winterhalbjahr auffallenden Hauptsterne der Oriongruppe errichtet Voth sieben zwischen zwölf und siebzehn Meter hohe Türme aus gestampftem Lehm. Ihre Gestalt ist der Größe und Leuchtkraft der Sterne angepasst. Die schwächeren Fixsterne des Sternbilds (der sogenannte Orionnebel) finden ihre Entsprechung in niedrigen Mauern, die die Türme lose miteinander verbinden. Sie entsprechenden Linien, mit denen wir die Hauptsterne zum Sternbild verbinden. Gleichzeitig sind sie hier Einfriedungen, die den Baukomplex zusammenhalten, Höfe bilden, die Ruhe ausstrahlen. Die höchsten Türme kann man über Treppen besteigen. Am höchsten Punkt kann der Besucher sich auf einem Sitz niederlassen und so den Nachthimmel mitsamt dem Sternbild beobachten. Die Ausrichtung entspricht den astronomischen Vorgaben. Interessant ist, dass Voth sich dabei in eine alte Tradition stellt. Wie ich in Teil I des *Goldenen* Schnitts erläutert habe, so sollen die Gürtelsterne des Orion die Positionen der drei großen Pyramiden von Gizeh zueinander repräsentieren, wobei die kleinste, die des Mykerinos etwas aus der Achse gerückt ist wie oben am Himmel. Diese Sternenkonstellation stünde zur Milchstraße im gleichen Verhältnis wie die Pyramiden zum Nil, heißt es.

„Die Goldene Spirale" (1992-1996)

Zwischen diesen beiden Skulpturen der „Land-Art" ist zwischen 1992 und 1996 die „Goldene Spirale" entstanden. In Teil I des *Goldenen Schnitts* habe ich Erklärungen im Zusammenhang mit dieser geometrischen Struktur gegeben, die sich auf Fibonacci-Zahlen bezieht und sich in der Nautilus-Muschel auch in der Natur abbildet. Diese Skulptur besteht im Unterschied zu den zuvor besprochenen aus Naturstein und Lavabasalt und unterliegt somit nicht dem natürlichen Verfall, dem Lehmbauten ausgesetzt sind. Die Spirale ist über einem Brunnen errichtet. Der Grundriss hat die für die *Goldene Spirale* gültigen Maße. Die Umfassungsmauer der als Rampe gestalteten Spirale erreicht nach 260 Metern den höchsten Punkt von sechs Metern. Von hier betrachtet, blickt man in die offene Wendel einer Schnecke in präzisen Maßen. Im Zentrum der Spirale liegt der Ein-, beziehungsweise Abgang. Hier steigt man auf einer Wendeltreppe hinab zu zwei Arbeits- und Wohnräumen. Doch führt die Treppe noch weitere 16 Meter hinunter bis zur Wasseroberfläche des Brunnens. Trotz der massiven Bauweise geht von der freitragenden Treppe Leichtigkeit aus. Führten die beiden anderen Skulpturen nach oben zu den Sternen, öffneten sich dem Gefühl der Erhabenheit, so ist es hier ein Eindringen in die Erde, hin zum Wasser, aus dem das Leben stammt. Und nicht nur dem Künstler und Baumeister erscheint die Wüste als angemessener Ort für die Verfertigung solcher gedanklich befrachteter Lebensbezüge. [21]

Trinity College Dublin: Arnaldo Pomodoro's sculpture, Sphere within Sphere (1982)

Die Kugel als geographischer wie kosmischer Lebensraum des Menschen. Das war eine Vorstellung, die den Maler Max Beckmann berührte, bewegte. Sein Sohn erinnert sich: „1930 war Beckmann von der Hohlwelttheorie fasziniert, in der der Mensch im Innern einer Hohlkugel lebend gedacht worden war". Der Sohn widerspricht dem, doch hält der

---

[21] Christian Gögger. „"Angekommen in der ‚Nulllandschaft'" in: EZ 9./10.2.2013
Zu Lehmbauten im Maghreb und zur „Goldenen Spirale": Ingeborg Bauer, „Die *Goldene Spirale*, Teil I.

Vater an seiner Auffassung fest. Ein solcher heftiger Widerspruch gegenüber einer unhaltbaren Auffassung war offenbar ungewöhnlich für Beckmann. Der Sohn weiß von keinem ähnlichen Fall.

Bevor ich das gelesen hatte, hatte ich nicht gewusst, dass es eine solche Theorie gab. Aber als Kind (vermutlich am Ende der Kindergartenzeit oder zu Beginn der Grundschule), als ich den Gedanken aufnahm, dass die Erde, auf der ich mich bewegte, eine Kugel sei, nahm ich ganz selbstverständlich an, dass sich diese Welt im Innern dieser Kugel befinden müsse, und da der Wunsch nach Geborgenheit in mir stark war, wünschte ich mir, dass sich Deutschland recht nahe der Mitte befinden möge. Ich stellte die Frage meiner Mutter, ob wir uns mehr am äußeren Rande oder mehr in der Mitte befänden, doch sie verstand mich nicht und redete sich irgendwie heraus. Das Kind, das ich war, war verunsichert.

Und nun in Dublin auf dem Campus einer uralten Bildungseinrichtung diese Skulptur von Pomodoro aus dem Jahr 1982, die mir meine kindliche Vorstellung wieder bewusst macht, die mich rechtfertigt in meiner freilich unvernünftigen Vorstellung, die das Innere der Kugel als einen bewohnbaren Raum darstellt. [22]

Arnaldo Pomodoro wurde am 23. Juni 1926 in Morciano di Romagna, Italien, geboren. Er wurde Bildhauer. „Sphere Within a Sphere" ist ein Werk, das mich, als ich es aus der

---

[22] Ähnliche Skulpturen befinden sich u.a. im Vatikan, in Rom, bei den Vereinten Nationen in New York, in Teheran und in Tel Aviv.

Ferne im Hof des Trinity College in Dublin sah, magisch anzog. Die Skulptur dreht sich sehr langsam. Man merkt es gar nicht gleich. Es ist wie das Verrinnen der Zeit, dessen man sich auch nicht immer bewusst ist.

Die Skulptur gleicht zunächst einem berstenden Granatapfel, der in geometrische Formen transponiert, abstrahiert wird. Was beim Granatapfel die Kerne sind, wird in ein verzahntes Räderwerk übersetzt, das sich unmittelbar unter der Außenhaut in seiner Gebrochenheit wiederholt, so dass die äußere Sphäre mit der inneren korrespondiert. Es wird zu einem verschränkten Ineinander wie in der Architektur eines Piranesi, die auch nirgends zur Ruhe kommt. Eine Welt in der Welt, und beide sind verletzt: das erodierte Gebiss einer alternden Erde. Offen daliegendes Räderwerk, zerbrechlich, zerbrochen als Leerstelle, die zum Kreuz mutiert. Ein berstender Granatapfel transformiert zu einer zum Tode hin ausgerichteten Form wirft noch einen Schatten als Lebenszeichen.

Aus der Ferne aber ein verführerisches Glänzen. Noch ist die sanfte Bewegung der Kugel nicht wahrnehmbar: ein Abbild der Erde. Doch aus der Nähe ist dieses Abbild aufgebrochen, Ackerkrume und Zahnrad, die natürliche Schale und die vom Menschen konstruierte Maschine. Ist es die Maschine, die die Erdkrume zerstört hat? Aus dem Innern stößt eine neue Kugel, eine neue Erde ans Licht, doch auch sie ist gebrochen. In dem Goldglanz der noch unbeschädigten Außenhaut spiegelt sich das Leben des heutigen Menschen. Er schreitet durch eine wüstenähnliche, abstrakte Landschaft, die das existenziell Geworfene des menschlichen Daseins zu thematisieren scheint.

Handelt es sich bei der inneren Kugel um den Innenraum des Einzelnen, der vom äußeren Raum umgeben ist, den wir alle miteinander teilen? Ist die innere Welt gewissermaßen ein Abbild der äußeren Gebrochenheit? Fasziniert stehen wir vor der Kugel und folgen der sanften Drehbewegung, dem fast unmerklichen, unaufhaltsamen Verrinnen der Zeit.

Der *Goldene Schnitt*
Teil I
Kunst und Architektur
Geometrie der Frühe

Geometrie als Prinzip der Ordnung

Geometrie als
geistige Basis, als Grund-
element eines
Denkens, das zurückgeht auf
die Urformen des Lebens.

(Tanka)

Schon Galileo Galilei stellt die These in den Raum, dass die Natur in der Sprache der Mathematik geschrieben sei, dass Dreiecke und Kreise die Buchstaben seien, in denen sich die Mathematik darstellt. Mathematische Gesetzmäßigkeiten finden sich im Mikrokosmos wie im Makrokosmos. Proportionen wie der *Goldene Schnitt* sind mit den Fibonacci-Zahlen verbunden, die sich auch in der Natur wiederfinden, wo wir sie weniger erwartet hätten als in Architektur und Kunst. Die Nautilusmuschel und die Galaxien haben die Spiralform als Gemeinsamkeit. Die Spirale findet sich im Mikro- und im Makrokosmos wieder und auch in der Kunst, wie der *Goldene Schnitt* beweist.

Geometrische Grundformen beruhen auf den Zahlen, und deren Bedeutung geht über den bloßen Zahlenwert hinaus. Sie dienten früh schon der Erklärung der Welt. Kreis und Quadrat sind Symbole für Himmel und Erde. Die ersten Wohnungen beruhen auf diesen Grundrissen. Die Grundformen von Kreis, Quadrat und Dreieck spielen in der Architektur der Frühzeit eine Rolle, man denke zum Beispiel an die altägyptischen Pyramiden. Aber auch im europäischen Raum sind sie von Bedeutung wie in griechischen und römischen Bauten. Grundlegend ist das gebundene System in der Romanik.

Der *Goldene Schnitt*
Teil II
Kunst und Architektur
Das Bauhaus, seine Vorläufer,
seine Strömungen

Im 20. Jahrhundert kommt es zu einer Erneuerung, die sich wieder auf die Geometrie beruft. Die Grundformen von Kreis, Quadrat und Dreieck sind geradezu das Logo des Bauhauses. Es hat nur eine kurze Zeit existiert. Seiner Konzeption gehen andere Strömungen voraus. Sie alle wenden sich gegen den Historismus, der die alten Stile wiederbeleben will. Künstlerfürsten wie Lenbach und Stuck stehen am Scheideweg. In England ist die *Arts-and-Crafts*-Bewegung ein Impuls. Der Jugendstil ist eine Bewegung, die in europäischen Ländern zu unterschiedlichen Formen führt und unterschiedliche Namen annimmt: den *Modernisme* von Gaudí in Barcelona, Eisenstein in Riga, Lalique und Mucha in Paris, die *Secession* und die *Wiener Werkstätten* in Wien, die *Mackintoshs* in Glasgow, die *Mathildenhöhe* in Darmstadt.

Das Bauhaus wächst aus der *Arts-and Crafts*-Bewegung. Auch die geometrische Fraktion des *Jugendstils* kann als Vorläufer betrachtet werden. Die Reformbewegungen der Zeit spielen herein wie die esoterischen Bewegungen der Theosophie, ergänzt von der Reformpädagogik, die sinnliche, ganzkörperliche Elemente wie den Tanz einbezieht.

Schlemmers *Triadisches Ballett* gehört zum künstlerischen Bereich, der immer mitgedacht werden muss, wenn wir an Bauhausmeister wie Feininger, Klee und Kandinsky denken. Was wollte das Bauhaus? Eine von der Kunst herkommende Richtung sollte mit der handwerklichen Seite kombiniert werden. Der Künstler sollte dem Handwerk dienen, der Handwerker dem Künstler. Das Gesamtkunstwerk wird angestrebt. Die industrielle Entwicklung, neue Materialien kommen hinzu. Viele Impulse, was Architektur und Kunst betrifft, gehen vom Bauhaus aus in die Welt, bis zum heutigen Tage. Doch gibt es auch andere Strömungen in der Architektur des 20. Jahrhunderts, die in Teil II zur Sprache kommen.

Der *Goldene Schnitt*
Teil III
Kunst
vor, am und nach dem Bauhaus

In Teil III geht es im Unterschied zu Teil II, wo die Architektur im Mittelpunkt steht, vornehmlich um die Kunst. Hier geht es auch um Farbtheorien, angefangen bei Goethe. Im Mittelpunkt steht neben Adolf Hölzel Wassily Kandinsky. Sie sind auch diejenigen, deren Wege in die Abstraktion beschrieben wird. Adolf Hölzels *Künstlerische Mittel* werden durch seine Schüler Johannes Itten und Josef Albers ans Bauhaus getragen, von wo aus sie ihren Einfluss geltend machen. Wichtige Entwicklungen finden zu Beginn des 20. Jahrhunderts statt, die Voraussetzung sind für die Maler am Bauhaus: der *Kubismus* von Picasso, der *Orphismus* von Delaunay. Bedeutende Maler setzen sich mit der Ablösung von der figurativen Kunst auseinander. Unterschiedliche Positionen finden wir etwa bei Kandinsky, Klee und Feininger, die als Meister am Bauhaus lehren. Sie bringen ihre Erfahrung in die Werkstätten ein, setzen sich dem Experiment aus, ohne sich selbst zu verlieren. Theorie und Praxis befruchten einander. Wie die Architektur ist auch die Kunst auf der Suche nach der Proportion. Dafür habe ich den *Goldenen Schnitt* als Metapher gewählt. Einige Beispiele von Künstlern, die Gedanken der klassischen Moderne weiter verfolgen, und Museen, die sich sowohl hinsichtlich ihrer Architektur als auch durch die Positionen ihrer Künstler der zeitgenössischen Kunst widmen, schließen sich an.

Ingeborg Bauer

Studium der Germanistik und Anglistik. Nach dem Staatsexamen als Studienrätin tätig. Volkshochschuldozentin in Esslingen (Englische Konversationskurse mit Schwerpunkten: „Englischsprachige Literatur der Gegenwart", „Kunst und Architektur des 20./21. Jahrhunderts"). Freiberufliche Mitarbeit in einer Galerie für zeitgenössische Kunst Vernissagen, Texte für Kataloge.

Veröffentlichungen u.a.:

- „Mental Maps" - Lyrik und Kurzprosa (2003)
  ISBN 3-89906-447-X   € 4,80

- „Das Blau des Himmels aber birgt den Engel" - Lyrik (2004)
  ISBN 3-899906-795-9   € 7,80

- „Traumverwandt die Schatten der Dinge" - Lyrik und essayistische Prosa
  ISBN 3-89906-597-2   € 8,80

- „Sommerschwer die Vogelbeerdolden" – Lyrik (2005)
  ISBN 3-899906-596-4   € 8,80

- „Die Melodie des Ölbaums und der Palme" – Reisen in den Maghreb" (2007)
  ISBN 978-3-8334-6807-0   € 11,80

- „Am blauen Rand Europas - Inseln im östlichen Mittelmeer" - Lyrik (2008)
  ISBN 978-3-8379-5744-4   € 11,90

- „Ägyptischer Bilderbogen - Tagebuch einer Ägyptenreise" (2009)
  ISBN 978-3-8370-8722-2   € 25,00

- „Es streift eine dunkle Flöte" (2010)
  ISBN 978-3-8391-4233-2   € 14,80

- „Annette von Droste-Hülshoff – eine Annäherung" (2010)
  ISBN 978-3-8391-4670-5   € 14,80

- „Von Wald, Wasser und Wind und einer bewegenden Geschichte
  Polen - Baltikum - St. Petersburg" (2011)
  ISBN 978-3-8423-4030-5   € 35,90

- „Im Bannkreis Venedigs - Venedig - Kroatien - Korfu" (2011)
  ISBN 978-3-8423-5850-8   € 24,90

- „Peer Gynt und das menschliche Maß Gedanken zu einer Norwegenreise (2012)
  ISBN 978-3-8448-1092-9   € 19,90

- „Spiegel innerer Räume - Lyrik zu Bildern von Paul Klee" (2012)
  ISBN 978-3-8448-1601-3   € 11,90

- „Wege in die Abstraktion – Lyrische
  Betrachtungen (2013)
  ISBN 978-3-7322-3992-4   € 5,90

- „Auch am Rand ist in der Mitte - eine (nicht nur)
  literarische Reise durch Irland" (2013)
  ISBN 978-3-7322-3730-2   € 20,90

- „Ikonen der Kunst – Betrachtungen zur
  Bildtradition in Ost und West (2014)
  ISBN 978-3-7357-2157-01   € 13,99

- „Distel - dornige Schönheit – Auf Spurensuche in
  Schottland (2015)
  ISBN 978-3-7347-8050-9   € 19,99

- „Von der Zeit" - Ingeborg Bauer, Lyrik
  Peter Magiera, Grafik (2015)
  ISBN 978-3-739-224701   € 5,99

- „AugenBlicke Teil I: Augenblicke der Menschheit"
  (2016)
  ISBN 978-3-741-29301-6   € 12,99

- „AugenBlicke Teil II: Gesicht und Auge – Porträt
  und Maske" (2016)
  ISBN 978-3-741-29306-1   € 9,99

- „AugenBlicke Teil III: Das Auge in der Moderne"
  (2016)
  ISBN 978-3-741-29309-2   € 15,99

- „Doris Knapp – Stationen eines Künstlerlebens"
  (2017)
  ISBN 978-3-7448-8359-7   € 6,99

• „PORTUGAL – Lyrisches Kaleidoskop" (2017) –
ISBN 978-3-7448-9052-6 € 11,99

• „INNENRÄUME – INNERE RÄUME – LEBENSRÄUME –
Interieurs in der Malerei in Nord und Süd" (2018) –
ISBN 978-3-7448-9052-6 € 18,99

• „JAHRESZEITEN – Haikus und Tankas" (2020)
ISBN 978-3-7528-5008-6 € 9,99

• „Der Goldene Schnitt Teil I : Kunst und Architektur
– Geometrie der Frühe" (2020) –
ISBN 978-3-7526-6949-7 € 19,99

• „Der Goldene Schnitt Teil II : Kunst und Architektur
– Das Bauhaus, seine Vorläufer, seine Strömungen"
(2020) –
ISBN 978-3-7526-7279-4 € 13,99